学研のヒューマンケアブックス

実践 ワーキングメモリを生かす 数・計算の教材

数の合成・分解から分数までの
数と計算に関するつまずき解消！

河村 暁 著

Gakken

CONTENTS 目次

本書の使い方 …… 04
プリントデータ 一覧 …… 06
はじめに …… 08

子どもの困難を理解するための3つの視点 …… 10

ワーキングメモリの言語領域における働き …… 12
ワーキングメモリの視空間領域における働き …… 14
数量処理における働き …… 16
言語領域に弱さがある場合の算数でのつまずき例 …… 18
言語領域の力が特に必要となる「数・計算」の学習 …… 20
視空間領域に弱さがある場合の算数でのつまずき例 …… 22
視空間領域の力が特に必要となる「数・計算」の学習 …… 24
数量処理に弱さがある場合の算数でのつまずき例 …… 26
数量処理の力が特に必要となる「数・計算」の学習 …… 27

取り組み内容にだけ注目できる「折りプリント」 …… 30
「数・計算」の学習におけるワーキングメモリチェックリスト …… 34
子どもの学習困難別に教材を選べるクイックガイド …… 36
数概念、計算・アルゴリズム、問題解決 …… 38

プリントの使い方 A「数概念」 …… 39

A1 カウンティング・数の知識 …… 40
- A1-1 混ざり数え上げ …… 40
- A1-2 数の順番逆順・数系列 …… 44
- A1-3 順番・列問題 …… 48
- A1-4 5とび・5分ずつ数え上げ …… 52
- A1-5 何分間 …… 56

A2 位取り …… 60
- A2-1 位取りクイズ・プリント …… 60
- A2-2 位取り …… 66
- A2-3 3桁の数の大小 …… 72
- A2-4 大きな数 数える練習 …… 76

A3 数の合成・分解 …… 80
- A3-1 5から数え上げ …… 80
- A3-2 数の分解 …… 84
- A3-3 助詞と数の合成・分解 …… 88

A4 数·記号の量 …… 92
A4-1 ナンバーライン …… 92
A4-2 ものさし·巻き尺 …… 96
A4-3 単位の変換 …… 100
A4-4 分数概念 …… 104
A4-5 表とグラフ·不等号·単位 …… 108

プリントの使い方 B「計算·アルゴリズム」…… 115

B1 くり上がり·くり下がり …… 116
B1-1 たし算 5といくつ …… 116
B1-2 10まとめ計算·減算くり下がり …… 120
B1-3 20までものさし·10の補数補正法 …… 126
B2 九九 …… 132
B2 九九 …… 132
B3 たし算·ひき算·かけ算の筆算 …… 138
B3 たし算·ひき算·かけ算の筆算 …… 138
B4 わり算の筆算 …… 142
B4-1 あまりのあるわり算 …… 142
B4-2 わり算の筆算 …… 146
B5 分数の手続き …… 152
B5-1 分数かけ算概念·わり算概念 …… 152
B5-2 通分概念·通分手続き …… 158
B6 計算の意味·ルール·方略 …… 162
B6-1 かけ算分解·10でわる·計算の約束 …… 162

著者プロフィール／参考·引用文献 …… 167

COLUMN コラム

子どもの困難を理解するために …… 114
「5を基にした」計算はどのような子どもで使うか …… 119
数直線を使ったくり下がり …… 125
くり上がりの計算 …… 131
九九の音の長さ …… 137
ひっくり返してかけ算 …… 157
手続き知識と概念的理解 …… 166

本書の使い方

本書は、「数概念」「計算・アルゴリズム」に関する算数学習の基礎に苦手さのある子どもを対象としています。ワーキングメモリを生かすことで学習しやすくし、「できるようになりたい」を支えます。プリント教材データの提供とそれを使った学習支援方法を紹介しています。

子どものつまずきに合わせて学習内容を選ぶ

選び方①

36ページの「クイックガイド」や6ページの「プリントデータ 一覧」を使って、学習したい内容が本書のどこに収録されているのか、それと関わりのある学習（その前後で取り組むよい学習）は何かを確認します。

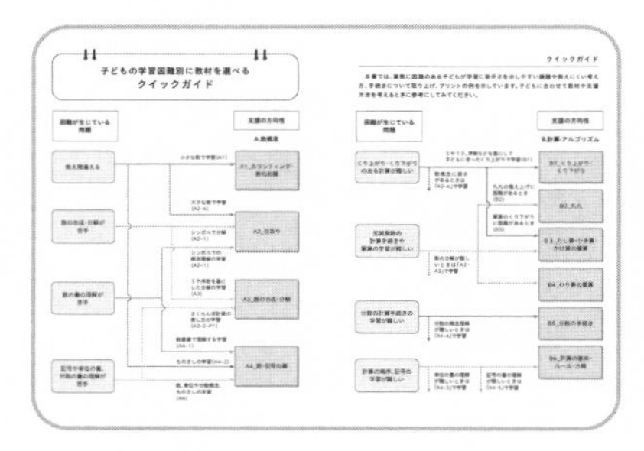

選び方②

39ページの「プリントの使い方」では、学習場面のどのようなつまずきを解消することをねらっているのか、冒頭で「こんな子に」と絵で示し、そのつまずきの背景をワーキングメモリ（WMと表記）と数量処理の観点で解説しています。対象となる子どもの姿に近いものを選ぶのもよいでしょう。

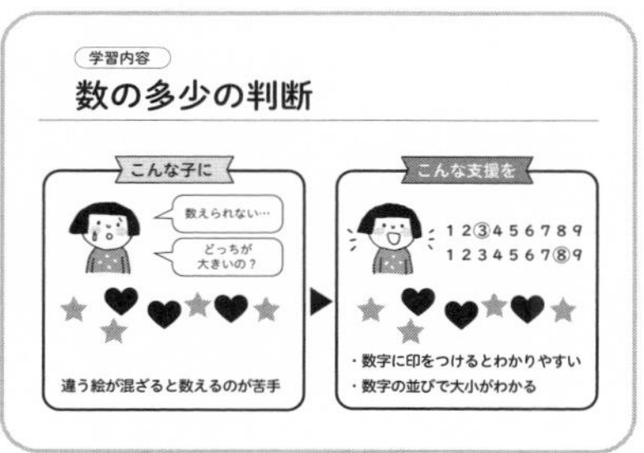

指導方法を参照して実際に学習支援をする

本書のオリジナル教材「折りプリント」（30ページ参照）を使って、そのときに取り組むことを明確にし、着実に「できた！」を積み重ねられるように支援をします。「プリントの使い方」ページにしたがって、学習支援をします。

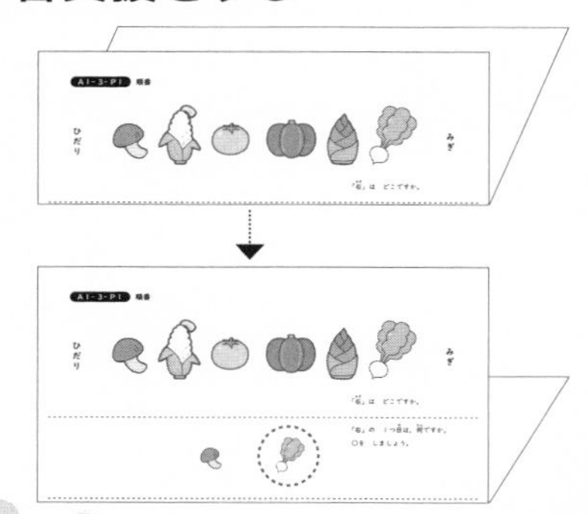

プリント教材データの活用方法

教材は、「折りプリント」が約100枚あります。プリントはデータで提供され、大半がPDF形式、一部、ExcelとPowerPointで作られています。以下のサイトから、データをダウンロードし、A4サイズの紙に出力して使用します。本書の「プリントの使い方」ページでプリント番号とプリント名を参照してください。

プリント教材データを専用サイトで取得する方法

ID: 3bfmf　　PW: kdhbpn3k

上位のQRコードをスマートフォンやタブレットで読み取るか、https://gbc-library.gakken.jp/ にアクセスし、Gakken ID でログインしてください（お持ちでない方は Gakken ID の取得が必要になります。詳しくはサイト上でご案内しています）。

ログイン後「コンテンツ追加」をクリックし、ID・パスワード（PW）を入力すると、プリント教材データをご利用になれます。

【ご注意ください】

- 本書『ワーキングメモリを生かす数・計算の教材』をご購入いただいた方のためのサイトです。
  ※図書館貸出や譲渡された方はご利用いただけません。
- 印刷してご利用になる際には、A4サイズの紙をご使用ください。
- データの使用には、PDF、Excel、PowerPointを利用するためのアプリケーションソフトが必要となります。
  お客様のインターネット環境およびプリンターの設定等により、データをダウンロード・表示・印刷できない場合、当社は責任を負いかねます。
- ダウンロードは無料ですが、通信料はお客様のご負担になります。

プリントデータ 一覧

【A.数概念】

カテゴリ	学習内容	プリント名	プリント番号	解説ページ
A1 カウンティング・数の知識	数の多少の判断	混ざり数え上げ1	A1-1-P1	P40
		混ざり数え上げ2	A1-1-P2	
	数の系列の判断	数の順番逆順	A1-2-P1	P44
		数系列	A1-2-P2	
	順序の判断	順番	A1-3-P1	P48
		列問題	A1-3-P2	
	5とびの数の判断	5とび数え上げ練習	A1-4-P1	P52
		5分ずつ数え上げ練習	A1-4-P2～P5	
	「何分間」の判断	何分間・何分間(練習)	A1-5-P1～P8	P56
A2 位取り	位取りの仕組み	位取りクイズ	A2-1-P1	P60
		位取りプリント	A2-1-P2～P4	
		位取り合成・分解(100・1000)	A2-Powerpoint (※1)	P65
	位取りの知識	位取り1	A2-2-P1	P66
		位取り2	A2-2-P2	
		位取り 大きな数	A2-2-P3	
	数の大小の判断	3桁の数の大小1	A2-3-P1	P72
		3桁の数の大小2	A2-3-P2	
	大きな数を表す言葉	大きな数 数える練習 20～90まで	A2-4-P1	P76
		大きな数 数える練習 100まで	A2-4-P2	
		大きな数 数える練習 100～200まで	A2-4-P3	
		大きな数 一十百千の間の練習	A2-4-P4	
A3 数の合成・分解	5を基盤にして数を分解	5から数え上げ1・2	A3-1-P1～P2	P80
		5から数え上げ(シンボル)1・2	A3-1-P3～P4	
		サイコロ 5といくつ	A3-1-P5	
	数の分解の理解	数の分解1	A3-2-P1	P84
		数の分解2	A3-2-P2	
	数の合成・分解を文で理解	助詞と数の合成・分解	A3-3-P1	P88
A4 数・記号の量	数と数の位置関係	ナンバーライン	A4-1-P1～P16	P92
	数を読み取る	ものさし1	A4-2-P1	P96
		ものさし2	A4-2-P2	
		巻き尺 1	A4-2-P3	
		巻き尺 2	A4-2-P4	
	単位の枠組みと数の判断	単位の変換 km&m&mm	A4-3-P1	P100
		単位の変換 t&kg&g	A4-3-P2	
	分数の理解	分数概念	A4-4-P1～P3	P104
	グラフや記号の量	表とグラフ	A4-5-P1	P108
		不等号	A4-5-P2	
		面積の単位	A4-5-P3	

プリントデータ一覧

本書では出力してすぐに使えるPDFプリントを提供しています。専用のサイト(URL等はP5に記載)からダウンロードのうえ、プリントアウトして使用してください。

※1)パソコン上でPowerPointを使って、位取りのしくみの学習に取り組みます。
※2)九九の問題をアレンジできるExcelデータです。

【B.計算・アルゴリズム】

カテゴリ	学習内容	プリント名	プリント番号	解説ページ
B1 くり上がり・くり下がり	5を基にした くり上がり	たし算 5といくつ	B1-1-P1～P3	P116
	10を基にした くり上がり・くり下がり	10まとめ計算	B1-2-P1～P2	P120
		減算くり下がり	B1-2-P3	
	順序での くり上がり	20までものさし	B1-3-P1	P126
		計算尺	B1-3-P2	
		くり上がりたし算 10の補数補正法	B1-3-P3	
		10の補数補正法筆算枠	B1-3-P4	
B2 九九	九九の覚え方	九九2の段前半○書き	B2-1-P1	P132
		九九2の段後半○書き	B2-1-P2	
		九九5の段前半○書き	B2-2-P1	
		九九5の段後半○書き	B2-2-P2	
		九九9の段前半○書き	B2-3-P1	
		九九9の段後半○書き	B2-3-P2	
		九九 アレンジ	B2-Excel(※2)	P136
B3 たし算・ひき算・かけ算の筆算	筆算の概念	加減乗算除算筆算枠	B3-1-P1	P138
		ひき算筆算1	B3-2-P1	
		ひき算筆算2	B3-2-P2	
		かけ算筆算	B3-3-P1	
B4 わり算の筆算	あまりのある わり算の理解	あまりのあるわり算概念	B4-1-P1	P142
		あまりのあるわり算手続き	B4-1-P2	
		あまりのあるわり算フォーマット	B4-1-P3	
	わり算の 筆算の手順	わり算の筆算(2桁÷1桁)	B4-2-P1	P146
		わり算の筆算(2桁÷2桁)	B4-2-P2	
		わり算の筆算(3桁÷2桁)	B4-2-P3	
		わり算の筆算(3桁÷2桁)	B4-2-P4	
B5 分数の手続き	手続きの意味	分数かけ算概念(分母違い)	B5-1-P1	P152
		分数わり算概念	B5-1-P2	
	分数の手続き	通分概念	B5-2-P1	P158
		通分手続き	B5-2-P2	
B6 計算の意味・ルール・方略	計算の意味・ ルール・方略	かけ算分解	B6-1-P1	P162
		10でわる	B6-1-P2	
		計算の約束	B6-1-P3	

はじめに

当時、私が個別で学習支援をしていた小学校2年生のゆかりさんは、国語は得意でしたが算数に著しい困難がありました。計算はできるのですが、文章題や新しく登場する概念の学習、見たことがない問題への対応に困っていました。わからない問題では「わからん！」とパニックになり、長い時間泣いて怒るのです。

あるとき、「★はあといくつで7個になるでしょう→★★★★★」という問題に取り組みました。答えは2個ですが、すぐに表情がひきつり、苦し紛れに7＋5と立式してしまいました。私は問題の解き方をスモールステップにして説明したり、おはじきやシールで説明したり、考えられるやり方をすべて試しました。ゆかりさんはそれでも理解できず、泣き始めてしまいました。その日、勉強が終わってからゆかりさんが学習する様子を頭に浮かべながら、直感で特別なプリントを作りました。紙を折ってそのとき必要となる情報以外の情報を隠し、答えを書けたら開いて折り直し、次のステップに取り組む形式のプリントです。次の回の学習でこれに取り組むと、あれだけ苦戦した問題を数分で理解していました。類題を解き終わると、ゆかりさんはぽつりと「次から算数のプリントは全部この形で作って」と言いました。そして以後、どの問題を学習するかしないかを、相談して決めるようになり、学校でわからなかった学習内容があれば、プリント作りを頼むようになり、もう算数で泣くことはなくなりました。

何年か経ったときのことです。私はゆかりさんと学習の合間に２人でゲームをしていました。メモリーゲームの１種で、絵などの描かれたチップの上に置いた2枚の円盤を移動させながら、次々とチップの内容を記憶していきます。例えば、「🕒🚗🎀🐦🏠……」のようにチップを並べます。左側の🕒と🚗を覚えてから、円盤で「●◎🎀🐦🏠……」と隠します。そして円盤「●」の下に隠れているチップを「とけい！」と言ってから、円盤を「🎀」の上に移動させます。そうすると「🕒◎●🐦🏠……」となるので、今度は「くるま！」と言いながら円盤「◎」を「🐦」の上に移動させ、「🕒🚗●◎🏠……」とします。難しいのは次で、「リボン！」と言わなければいけません。2つ前のチップの絵が何かを覚えておきながら、次のチップの内容を覚えるのです。しかし、ゆかりさんはこれが最初

から１つもできず、すぐに涙ぐみました。円盤を減らし、隠すチップが１枚なら覚えることができましたが、それではゲームの楽しさは失われます。

ゆかりさんは重いワーキングメモリの困難があったのです。だから、新しい問題に出会ったとき、解決のための視点を複数覚えておくことができず、試行錯誤ができなかったのです。問題の解き方の説明そのものがワーキングメモリを圧迫するのでパニックになり、言葉と絵を同時にワーキングメモリ上に置いて関連づけることも難しく、そして「できない」という気持ちがワーキングメモリを占めてしまい、自分のよいところに目を向けることもできなかったのです。

検査では、こうした特性は十分に明らかではありませんでした。誰の理解もなく孤独だったでしょう。手がかりもなく、たったひとりで数の荒野を歩くようなものです。どうしたらよいかわからず、泣いていたのでしょう。

「わからん！」と泣くのは、裏を返せば「できるようになりたい」という気持ちの表れです。一緒に歩き、子どもの考えを聞き、一緒に考えることでこの気持ちを支えましょう。そして、算数という自動車に乗るときも、子どもを助手席に乗せるのではなく、子ども自身が運転手でいられることを目指しましょう。

2023年８月

河村 暁（福岡教育大学）

子どもの困難を理解するための

3つの視点

算数の学習に困難のある子どもと接していると、なぜそのようなつまずきを示すのか、支援者が理解しにくいことがあります。

ある子どもは、話は上手で国語は得意なのに、簡単な計算に指を使って行います。計算はできるのに、文章題を解くことが苦手な子どももいます。

ここでは、こうした算数学習での困難を支援者が理解するための3つの視点「ワーキングメモリの言語領域」「ワーキングメモリの視空間領域」「数量処理」について解説します。

ワーキングメモリ（WM）の言語領域・視空間領域と、数量処理

これらは、子どもが算数の学習をするときに必ず使う力で、それぞれ関わり合っています。したがって、算数の学習支援をするときには、この3つの力がどう学習に影響しているのかに注目すると、子どもの困難の理由を理解しやすくなります。

3つの力のうち、ワーキングメモリの言語領域と視空間領域は、算数だけではなく、さまざまな学習に必要となります。一方、数量処理は算数の学習において強く必要とされるものです。

ワーキングメモリの2つの領域と数量処理の力とバランスは、人それぞれ異なります。子どもによっては、ワーキングメモリの言語領域に弱さがあり、それが算数の学習に影響していることがあります。子どもによっては、数量処理の弱さが影響していると思われることもあります。

また、学習内容によっても、ワーキングメモリの視空間領域を強く必要とするものもありますし、数量処理を強く必要とするものもあります。

近年、算数障害の生じるメカニズムが次第に明らかになってきました。算数に関わる認知処理はとても複雑であり、多くのメカニズムが関わっています。

本書では、そのうち3つに絞って整理し、子どものつまずきの理由を捉え、よりよい支援方法を分析し、プリントなどの教材の作成に生かしています。

ワーキングメモリの言語領域における働き

ワーキングメモリの言語領域は、
子どもの学習では次のような働きをしています。

言葉を一時的に記憶する

ごぼ天うどんと
かつ丼と
わかめうどん2つ

ごぼ天うどんと
かつ丼と
わかめうどん2つ

新しい言葉を学習する

ひゃっか
りょうらん

ひゃっか
りょうらん

文章の理解を支える

たろうくんは家から
郵便局まで歩きました。
そして、
郵便局から学校までは
走りました。

家→(歩き)→郵便局
郵便局→(走り)→学校

ワーキングメモリの言語領域の代表的な働きは、言葉を一時的に記憶することです。

４人でうどん屋さんに食事に行った場面を例に考えてみましょう。

一人ひとりが食べたいメニューを言います。「わかめうどん」「かつ丼」「ごぼ天うどん」「わかめうどん」。そして、一人が取りまとめて店員さんに言おうとすると、それぞれの注文を覚えておく必要があります。

最初に「釜揚げうどん」と言っていた人が、あとで「かつ丼」に変更した場合は、古い情報を消去して新しい情報に更新しなければなりません。

また、「ごぼ天うどん、かつ丼、わかめうどんが２つ」と覚えていきながら数の計算も行う必要があります。

こうした言葉の一時的な記憶の働きは、新しい言葉を学習するときに大切になります。新しく聞いた言葉を正しく保持できることで、言葉を表す音を学んでいくことができます。言語領域に強さのある子どもは、たった１回ニュースで聞いただけの言葉や、それほど親しくない人の名前まで覚えていることがあります。このような力は、母国語の語彙獲得においても重要な働きをしていますし、外国語の学習においても大切です。

文章を理解するためにも、ワーキングメモリの言語領域は大切な働きをしています。聞いたり読んだりした情報を覚えておいて、聞いた文章の順番を変えて正しく分類･整理する必要があります。

算数学習においても、計算の手順を覚えたり、文章題を解くときに、文章の内容や、計算の過程を一時的に覚えておいて活用したりするような場面で、ワーキングメモリの言語領域の働きが必要となります。

ワーキングメモリの視空間領域における働き

ワーキングメモリの視空間領域は、
子どもの学習では次のような働きをしています。

形を記憶する

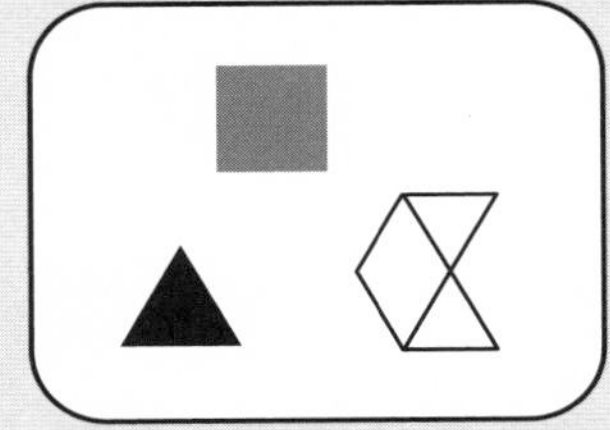

位置を記憶する

動きを記憶する

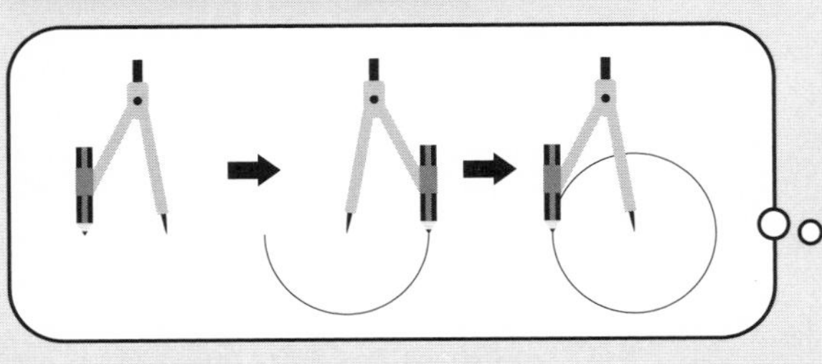

ワーキングメモリの視空間領域の働きの１つとして、形を記憶することがあります。
黒板に書かれた初めて見る漢字をノートに書き写すときには、形を覚えていなければなりません。算数においても、なじみのない図形を描き写すときも同様です。よく知っている形であれば、図形を描き写すときに「しかく、さんかく」と言語化し、言葉によって覚えることができます。しかし、なじみのない図形は形をそのまま覚える必要があります。

位置を記憶することも、視空間領域の働きの１つです。視空間領域に弱さのある人がスーパーマーケットで店内に品物を陳列する仕事をするとき、どの品物をどの棚に置けばよいのか、なかなか覚えられないことがあります。
学習の中では、漢字の部首や画の適切な位置を覚えたり、図形をかくときに頂点や辺の位置を覚えたりするときに必要になります。

また、動きを記憶することも、視空間領域の働きです。動きの情報を形や位置とともに覚えていきます。例えば、漢字の書き順を目で見て覚えるときや、バスケットボールでシュートのフォームを覚えるとき、算数においては、コンパスの操作手順を覚えるときなどに重要な働きをしています。

 数量処理における働き

数量処理については、
子どもの学習では次のような働きをしています。

多い・少ないを把握する

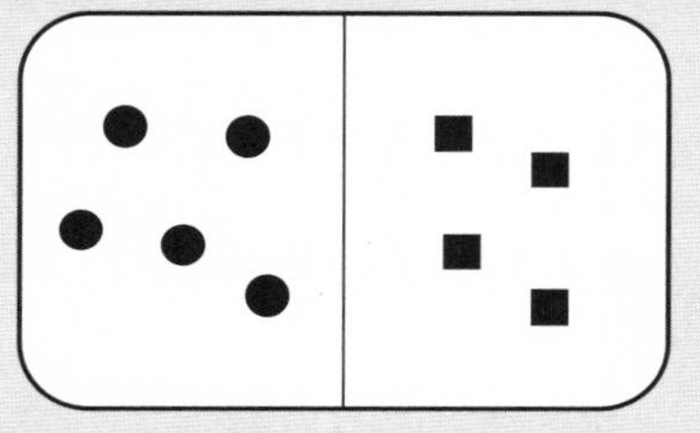

数字を見て量をイメージする

左と右、
どっちが大きい？

数の相対的関係がわかる

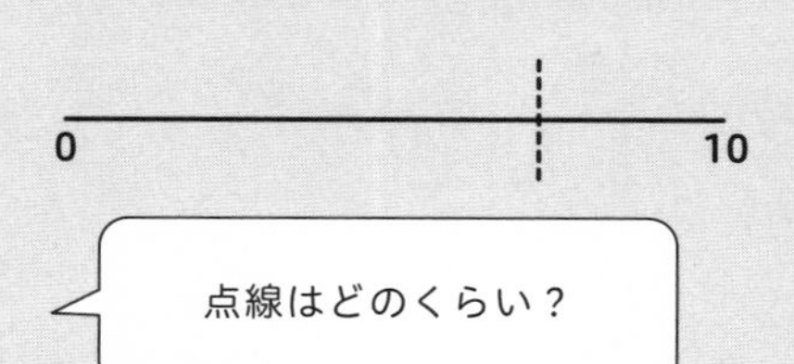

点線はどのくらい？

数量処理とは、数とその量を処理する働きです。例えば、食べ物が多いほうを選択できることは生き物として大切です。人間だけでなく、動物も個数の多さを判断できます。

こうした個数の量を瞬時に判断する働きは、学校での学習が始まる前のインフォーマルな数の学習において大切になるとともに、就学後もさまざまな場面で学習に影響を与えると考えられています。

また、数字を見ると、それに対応する量のイメージが速やかに喚起されます。算数障害のある子どもでは、こうした数量処理に弱さがあると考えられ、例えば２人の子がもっているキャンディの個数の差を求めるときに「３－５＝」と立式しても、その不自然さに気づかないことがあります。

記号（シンボル）を見て量を判断することは、算数の学習において非常に重要です。例えば、１cmがどのくらいの長さであるか、１mはそれが100倍であること、１mと１kmの違いなど、ほんの少しの記号の違いが量の大きな違いを表しているからです。

数以外にも「４＋４＝」と「４×４＝」では、見ためにはほんの少しの違いしかありませんが、表している量には大きな違いがあります。

数の相対的な関係がわかることも重要です。７と10、70と100が、数としてどのような位置関係にあるかを理解することは、10が７と３からできていることを学習するうえでも大切です。

言語領域に弱さがある場合の算数でのつまずき例

❶ 数や計算の音を覚えにくい

言語領域に弱さがある子どもでは、しばしば数の音や計算の音を覚えにくい様子がみられます。例えば幼いころ、「いち、にい、さん……」を同じ年齢の子どものように正しく言えるようにならなかったり、気を取られると「……ご、ろく、はち」と数えとばしたりします。「じゅういち、じゅうに……じゅうく」は言えるのに、「じゅう」に比べて音の長い「さんじゅう」では「……さんじゅうろく、さんじゅうはち」と数えとばしてしまう子どももいます。「ろく」と言ってから、次の「さんじゅう」を言っている間に、前はどこまで数えたか忘れてしまうのです。また、「おく」「ちょう」という音や「せん、まん、おく、ちょう」の順番を覚えにくい子どももいます。また、計算は「ごろくさんじゅう」のように音で覚える側面もありますが、言語領域に弱さがある子どもではこのような音を覚えにくいことがあります。

❷ 計算の手順を覚えにくい

「7から2をあげて、8を10にして……」という言葉によって示される計算の手順を覚えにくい子どももいます。手順はしばしばいくつかの単語や、文によって表されます。言葉や数を一時的に覚えることが難しい子どもでは、手順を覚えきれなかったり、何か別のことをすると忘れてしまったりするのです。

❸ 計算の途中結果を忘れる

計算の途中結果を忘れる子どもでは「45+18」のような筆算でくり上がりの数を忘れてしまったり、方程式でプラス・マイナスを忘れてしまったりします。とにかく暗算や計算で間違いが頻発して、やり方は合っていても正解できないことがしばしばあります。「暗算で間違えるのなら紙に書いてやりなさい」と指示されても暗算で解こうとします。おそらく書くことに力を使うと、何をしているか忘れたり、疲れ過ぎたりするため、間違えることはわかっていても暗算をするのです。

❹ 図形の用語を覚えにくい、混同する

図形の用語では「へいこうしへんけい」のように長いもの（語長効果）、「ちょうほうけい」「ちょっかく」「ちょっけい」「すいちょく」のように似た音のもの（音韻類似性効果）を混同し、なかなか覚えられません。

❺ 文章題を理解しにくい、文章題中の情報を忘れる

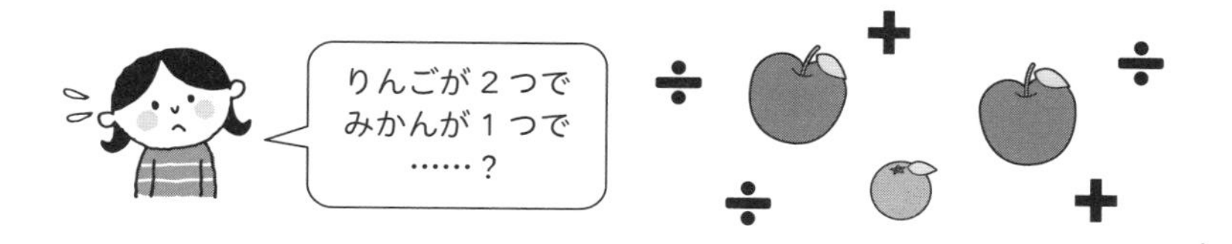

言語領域に弱さのある子どもでは、文字を読むことが遅く苦手で、内容理解に至らないことがあります。そのため別の人に読んでもらえば理解できる場合もあります。また、文字を読むことができても、文章を読みながら、書いてある内容を覚えることが苦手な子どももいます。そして、内容理解に至らずに立式できなかったり、正しい答えを導き出せなかったりすることがあります。

言語領域の力が特に必要となる「数･計算」の学習

算数の学習ではワーキングメモリの言語領域を必要とする内容がたくさんあります。ここでは、「数･計算」に関して解説します。

数の音を覚える

ワーキングメモリの言語領域の力は、数を表す「いち、にい、さん……」のような音を覚えるときに必要となります。年齢の低い子どもが覚えはじめのころに「……ご、ろく、はち」のように、数えとばしてしまうことがありますが、繰り返して唱えるうちに、音の系列を正確に覚えていきます。また、「じゅう、じゅういち、じゅうに……」を覚えるときは、「いち、に、さん……」という音の系列の間に「じゅう」という音を挟んでいきます。

日常生活の中で「ごひゃっこ」「にせんえん」などの、大きな数も徐々に覚えていきます。「いち、じゅう、ひゃく、せん、まん、おく」というのも数の音です。また、「いちまん、じゅうまん、ひゃくまん、せんまん」と言うときは「いち、じゅう、ひゃく、せん」という音の系列の間に「まん」という音を挟んでいます。

このように、音を分けたりくっつけたりすることにはワーキングメモリの言語領域の働きが求められます。「いちまん、じゅうまん……」と唱えるときに、より慣れ親しんだ「いち、にい……」の系列のほうを使ってしまい、「いちまん、にまん……」となる子どももいます。

日本語では、中国語由来の10を基準とする秩序だった数え方が用いられていて比較的覚えやすいものとなっています。10より大きな数が「じゅういち（11=10+1）、じゅうに（12=10+2）……」と、位を表す音と対応しています。英語では、12までが異なる言い方をしており、それ以降も「thir-teen（3と10）」のように位と音の順番が逆になっています。

計算の音を覚える

代表的なものは九九です。九九とかけ算は同じものとして理解されていることもよくありますが、英語圏では九九に相当する覚え方が明確にはないことからもわかるように、九九はかけ算の結果を音で丸暗記して、速やかに答えを出せるようにする方略の１つです。覚えるためには大変な苦労があり、学校でもさまざまなな工夫（教室に出入りするときに今学習している段を唱えるなど）をして覚えていきます。

たし算でも「さんたすよんはなな」という音の情報も支えになっていると思われますが、指を使って計算している子どもに音だけを丸暗記させても、なかなかたし算ができるようになるわけではないようです。

計算の手順や途中結果を覚える

子どもが、８＋５の計算の答えがまだ自動的に出てこない段階にあるとき、一般的には「５から２をとり、８にあわせて10にして、残った３とあわせて13」のように答えを出すことを教わります。このような計算の手順を言葉で覚えることには、言語領域が関わります。また、このような問題を暗算で解こうとすると、途中結果を覚えておく必要があります。8と2に集中している間に、残りの３のことを覚えておく必要があります。また、25＋８を暗算しようとするとき、十の位を計算している間に一の位の数を覚えていなければなりません。

視空間領域に弱さがある場合の算数でのつまずき例

❶ 位置や学習する方向を覚えにくい

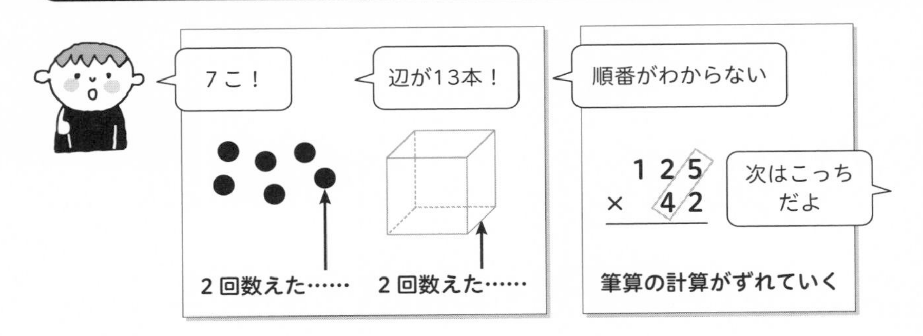

位置を覚えることが苦手だと、物を数えるときにダブルカウントしたり数えとばしてしまったりします。こうした学習は低学年のときによくありますが、立体の辺を数えるなど、学年が上がってからも数える学習は続きます。かけ算やわり算の筆算で数を書く位置がずれていくこともあります。

また、視空間領域に弱さのある子どもでは、左右の方向を覚えにくいことがあります。そのため、筆算でどの位から計算をしたらよいのか覚えにくいことがあります。

❷ 計算のやり方を絵や図にして覚えにくい

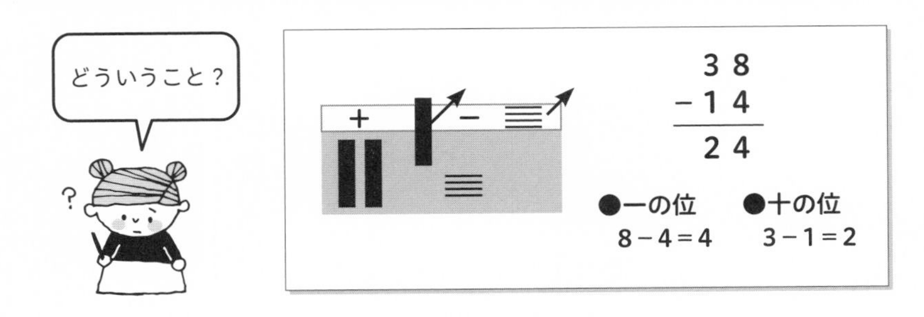

視空間領域に弱さのある子どもでは図を思い浮かべたり、頭の中で操作したりすることが難しいことがあります。そのため、計算のやり方が図で表され、それを操作する様子を示されても、わかりにくいことがあります。

❸ 図形や立体を思い浮かべて操作しにくい

面積の問題で図を分解・合成するやり方がわからなかったり、立体を思い浮かべることが難しく、見えていない部分をイメージすることが困難だったりします。そのため、簡単に見える面積の問題の解き方をどうしても理解できず、見えていない部分の立体の数を数え間違えたり、円柱の表面積を求めるとき、見えていない部分の円の面積を計算していなかったりします。平行かどうかの判断ができなかったり、分度器やものさしを正しい位置に置けなかったり、道具の操作の動きを覚えられなかったりもします。

❹ 図形的な文章題の解決が困難

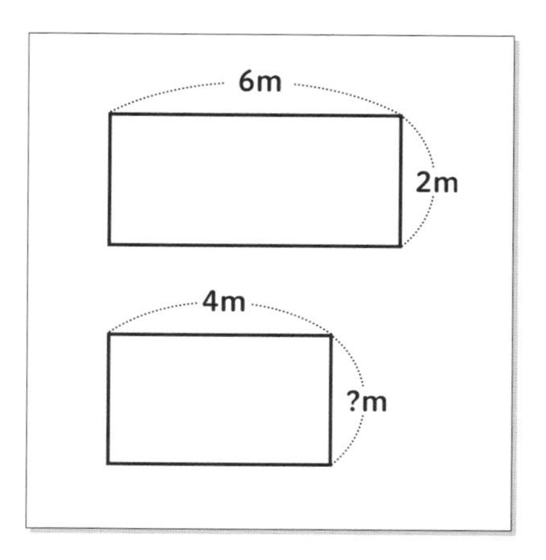

文章題の中でも図形を中心とした問題では、頭の中で図形を変形させたり、補助線を引いたりする必要がありますが、そうした操作を頭に思い浮かべにくいこともあります。

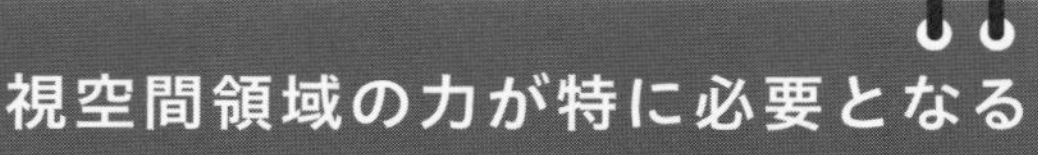

視空間領域の力が特に必要となる「数・計算」の学習

ワーキングメモリの視空間領域も算数の学習に関わっています。ここでも、「数・計算」に関して解説します。

数えるものの位置を覚える

図の中にあるドットの数を数えるとき、ドットの位置を覚えておく必要があります。もしドットの位置を忘れてしまうと数えとばしたり、ダブルカウントすることになります。年齢の低い子どもが数える様子を観察するとよくこのようなエラーが見られます。数えながら位置を覚えていくのは意外と難しいことです。大人はこのことを知っているので、行列に整えてから数えたり、印をつけたり、動かせる物ならば数え終わった物を横にどかしたりするのです。

物の数を数えることは計算の基礎になります。しかし子どもが物の位置を覚えることができなければそれが成立しにくくなります。子どもによってはドットを数えとばすだけでなく、自分の指も数えとばしてしまい正解にたどり着けないことがあります。つまり指計算をしても間違えるのです。物の位置を覚えることは正確に物を数えるために必要なことなのです。

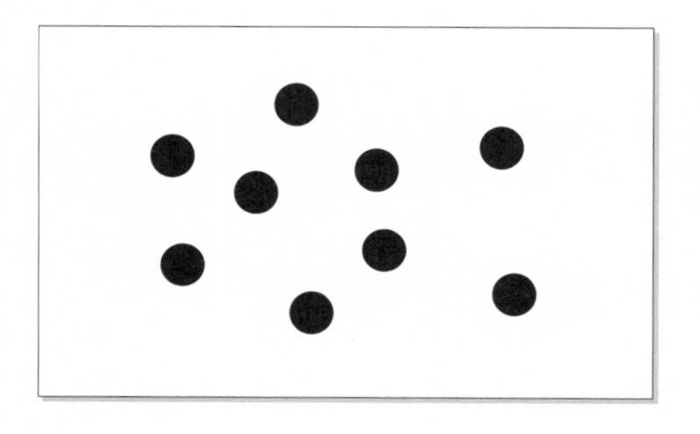

計算のやり方を絵や図のように思い浮かべる

くり上がりのある計算「9＋4＝」を習ったばかりの子どもは、習ったやり方を頭の中で再現しているように見えることがあります。上を見て指さしながら、「こっちの4から1個もってきて10にして……13」と、頭の中におはじきを思い浮かべ操作しているのです。こうした計算のやり方を、図や絵のように思い浮かべるときに、ワーキングメモリの視空間領域の働きが必要となります。やがて計算は自動化され、「9＋4＝13」と正解までセットで覚えてしまいます。ですが、覚えるまでのプロセスで視空間領域の働きが必要なのです。

学習する方向を覚える

数直線が左側から右側に大きくなるように、方向が大切になる学習もあります。

筆算をするときはわり算の場合では、左から右へ、上から下へと手続きが進んでいきます。一方、かけ算の筆算では右から左へ、下から上の方向にかけた結果を下に書いていきます。

時計は数直線が一周した「数曲線」になっています。そのため、3時までは左から右へ、上から下へと見ていきますが、6時までは右から左に、9時までは下から上へ、12時までは左から右へと、目まぐるしく方向が変化していきます。このことで、子どものころ、どうやって文字盤を追えばよいのかわからず混乱したという大人に会うこともあります。

数量処理に弱さがある場合の 算数でのつまずき例

❶ 数の合成・分解の習得に時間がかかる

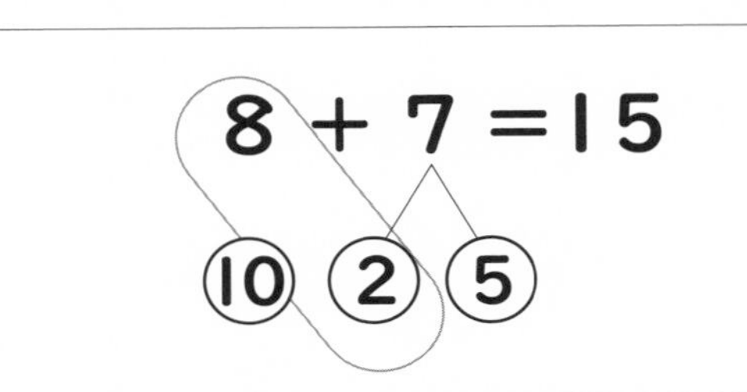

❷ 概算することが難しい

❸ 記号が表す量がわからない

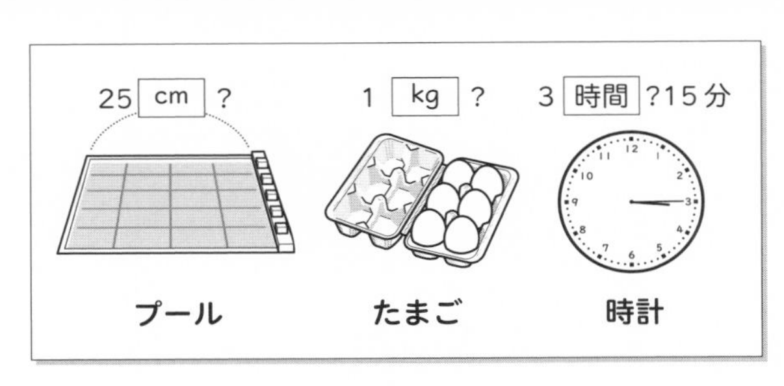

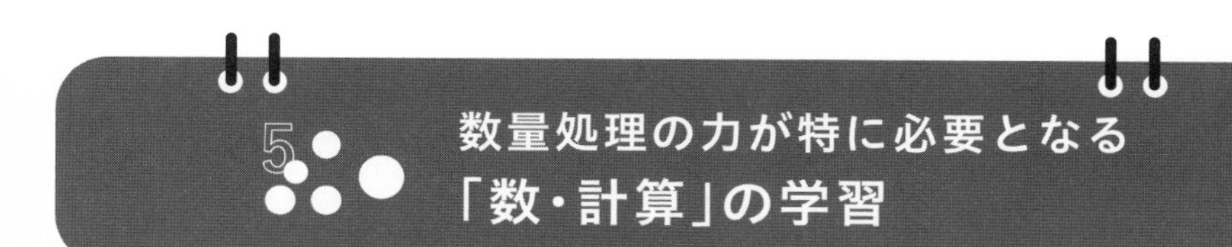

5 数量処理の力が特に必要となる「数・計算」の学習

数量処理は算数の学習に直接関わる働きです。ワーキングメモリは算数以外の学習にも用いられるため、「領域ゼネラル」な働きと呼ばれます。数量処理は数の処理に関わっているため、「領域固有」と呼ばれます（漢字の学習でも画数を数えることがあるように、数量処理の働きが算数以外で用いられないということではありません）。

数の大小を判断する

「ハトが5羽いて、３羽とんでいきました。いま何羽いるでしょう」という問題では、通常「３-５」ではなく「５-３」と立式します。「５と３」では５の方が大きいためです。このような大小判断の際に数量処理が求められます。

小さな数だけでなく大きな数での大小判断もあります。例えば、500円玉を持って買い物するときに、398円で買えるのかどうかです。子どもによっては3桁同士の数の比較は大小判断が難しいために、1000円札を持って買い物に行く場合もあります。４桁に比べれば３桁は小さいと判断ができるからです。これは数量の大小判断ではなく、桁数を利用した数の順序の判断と言えます。

1000

1000

数の合成・分解をする

私たちは、9は「5と4」からできていると瞬時にわかります。もちろん年齢が低いときは指を使うなどして時間をかけて分解していましたが、やがて自動化して、記憶から瞬時に思い出すことができるようになります。こうした自動化ができるようになるためには、数に対する量をすばやくイメージできる働きが必要でしょう。 こうした数の合成・分解の働きは、単に加減乗除の計算にだけ関わるものではありません。複雑な形をした図形の面積の問題では辺の長さを分解する必要があります。角度の問題でも、しばしば角度を合成したり分解したりします。このような、図形と対応した数の合成・分解にも数量処理は関わっています。

数直線を理解する

数直線は左側が小さな数で、右に行くにつれて大きくなります。こうした方向性(SNARC効果)は、非常に強く私たちの脳に焼きつけられていることが研究でも示されていて、日常の例では、建物内の案内番号が仮に右端が1で、左側に数が大きくなるように作られていると、わかってはいても違和感を感じてしまいます。

数直線は算数の学習の中で多くの場面に関わってきます。数直線そのものの学習だけでなく、数量の図的な表現としての線分図、図形の辺の長さ、ものさしや巻き尺の学習、座標などです。割合や百分率、単位量の学習では、英語でダブルナンバーラインと言うように2つの数直線を対応させながら学習します。

概算する

計算をしながら、私たちはそれほど意識せずに答えを予想しています。問題を解いていて思いもしなかったような大きな数の答えが出て驚き、計算ミスを発見することもあります。例えば、500円玉を持っていて153円を使ったら、正確に計算はできなくてもお釣りは大体300円といくら、と予想しています。100×4 =400といったすぐわかる計算でも、子どもによっては筆算にして答えを出すことがあります。

何分間か判断する

アナログ時計の読み取りでは、短針の読み取りは文字盤に数字が書いてあったり、1、2、3……と基本的な数え上げをすればよいので簡単です。長針の読み取りは難しいのですが、多くの子どもは5とびの数え方を覚えて、やがて速く読めるようになります。

最も難しいのは、4時15分から4時47分までが何分間か、あるいは3時5分から5時42分までが何時間何分間かを判断することです。そもそも「5分間がどのくらいの時間の量なのか」がわからない子どももいます。こうした「何分間か」を理解することは、字の読み取りとは異なり、数量と関連が深いと思われます。

記号や図形が表す量を思い浮かべる

「1㎥の箱の中に各辺が1cmの立方体をつめると100万個も入ること」を知ったとき、驚きを感じた人もいるでしょう。逆に、そのようなことは直感的に理解しやすかったという人もいるでしょう。1㎥という記号や1㎥の大きさの箱（図形）がどのくらいの量なのかを理解することにも数量処理が関連すると思われます。数によく親しんでいる人は、「19×19」くらいなら361と覚えていますし、もし忘れたとしても、簡単な「20×20=400」から20と20をとって取りすぎた1を補正して361を導き出すなど、数を分解合成して、より簡単に計算できる方法を選択できます。数量処理だけでなく、蓄積した莫大な数に関する知識がさらに計算を支えるのです。

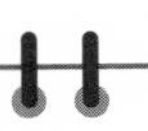

取り組む内容にだけ注目できる「折りプリント」

折りプリントの使用例

本書で主に使用しているプリントは、筆者が「折りプリント」と呼んでいるものです。このプリントの典型的な使用例は、以下のようなフローになります。

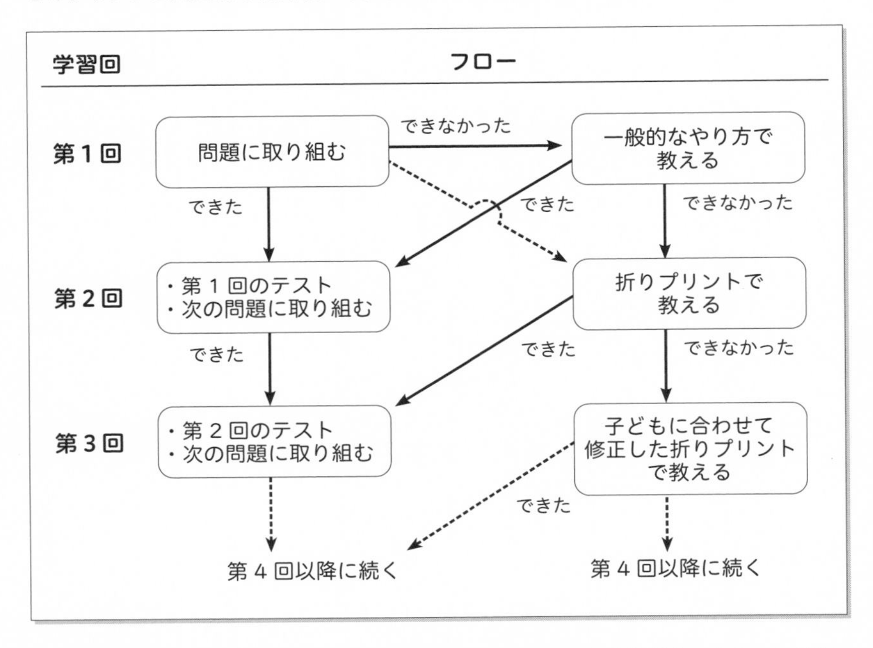

算数の新しい学習内容や、新しい問題に取り組むときは、まず教科書のようによく練られた一般的なやり方で教えます。そのようなやり方では説明を尽くしてもできなかったときに、折りプリントで学習します。もし、一般的なやり方で教えてもうまくいかないことが経験上わかっている場合や、パニックになりやすい子どもでは最初から折りプリントで教えます。

折りプリントのしくみ

折りプリントは、A4サイズ1枚で次のように構成されています。課題がスモールステップに分けられていて、ステップごとに点線があります。

［プリント全体］

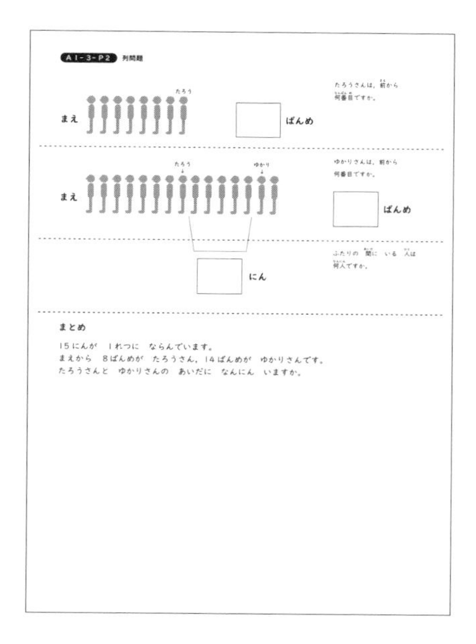

［使用時］

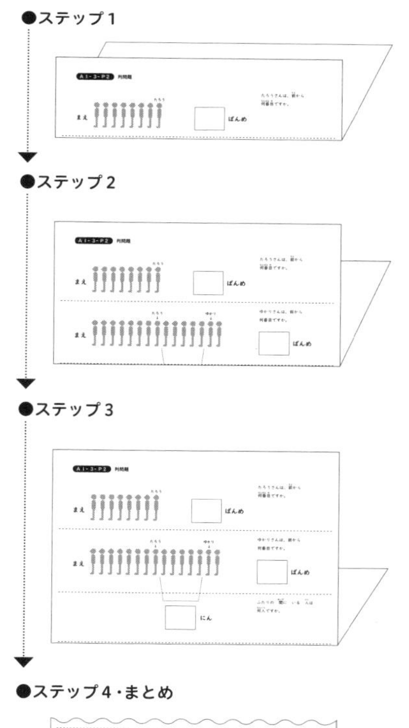

使用するときは、右のように点線で紙を折り、子どもがステップごとの問いに答えて書き込んだら、次のステップまで紙を開きます。

子どものワーキングメモリや数量処理の特性に応じてステップを調整します。

折りプリントの目的

折りプリントの基本的な特徴と、そのようなしくみにした理由は次のとおりです。

① １プリント１目的

１枚のプリントは１つの目的を果たすために作成します。複数の種類の問題や学習を１つのプリントに混ぜないようにします。

② １ステップ１反応

１つのステップで子どもは１つの反応をします。１つ以上の処理（判断や計算）を同時に行うと、ワーキングメモリに弱さのある子どもは混乱したり、オーバーフローしてしまいがちだからです。

ただし、各ステップでは答えを書くときだけでなく「これは四角形ですね」→「はい（いいえ）」のように、一度は反応を確認するようにします。

各ステップで立ち止まらずに次に進んでしまうと、内容を理解せずに進むだけでなく、不消化のままの情報がワーキングメモリを占めてしまい、次の情報の処理の妨げとなる可能性があります。立ち止まって、やったことを確かにすることでワーキングメモリに余裕をもたせる意図があります。

③ エラーレス

各ステップはエラーレスで進むように組み立てます。もし失敗すると、ショックが子どものワーキングメモリを占めてしまい、次に進めなくなります。また、エラーが生じたときに支援者が説明を始めると、その説明も子どものワーキングメモリを占めてしまうのです。

学習する内容や子どもによって柔軟に対応します。

④ クイックレスポンス

折った紙をすぐに開くことで、子どもはすぐに次のステップに取り組むことができます。これが大切である理由は、説明に手間取ると、その時間は前の情報をワーキングメモリで覚えている必要があり、余裕がなくなるためです。

⑤ 次に何があるのか子どもに見えない

一般的なやり方では、「この問題をやりましょう」とゴールを示してから始めます。しかし、ワーキングメモリに弱さのある子どもに先に問題を見せると、間違ったやり方で問題の解き方を考えてしまったときに、それをワーキングメモリから消去すること、つまり修正することが難しくなります。

そこで、できなかった問題は数日後など、程よく問題のことを忘れたころに取り組みます。問題の正しいイメージを何もないワーキングメモリ上に展開しようとするのです。

そして、折りプリントでは、今やることだけに集中できるようにします。例えば、P31で紹介したプリントのステップ2では、前から何番目にいるのかを書いているとき、次にそれが何に生かされるのか子どもにはわかりません。ステップ3を開くと、間にいる人の数を数えることがわかります。もし、あらかじめステップ3が見えていると、一番前から数えてしまうなど、混乱する子どもがいるのです。

⑥ 最後のステップに問題が示され、問題を解決するための全体像も示されている

折りプリントでは、目的となる問題が一番最後のステップに示されます。そこまでのステップは、問題を解決するためのプロセスとして見えるようにします。子どもは、問題を分解することが難しいので、できる要素を加算的に1つずつ組み合わせるプロセスを経て、最後に目的となる課題に至るのです。

こうしたしくみは、例えばプレゼンテーションソフトを使うなど、ほかのやり方でも同じことができます。「折る」ことそのものが大切なのではなく、「折る」ことで何を実現しようとしているのかを押さえれば、どのような手段でも構わないのです。

「数・計算」の学習における
ワーキングメモリチェックリスト

子どものワーキングメモリや数量処理の特徴をつかむため、当てはまる項目に☑をしてみましょう。

ワーキングメモリ(WM)の言語領域が弱いと・・・

- □ 初めて聞く言葉の復唱が苦手である。
- □「20、21、22……」のように、数を間違えずに唱えることができるようになったのが、ほかの子どもに比べて遅かった。
- □「一十百千万……」を覚えることが難しい。
- □ 字を読むことに苦手さがある。
- □ 35を「さん・ご」と読む。
- □ 九九を覚えられない。唱えて覚えるのが著しく遅い。
- □ 算数の用語を覚えにくい(例:分子を「ぶし」と誤る、「和」「商」が何を指すか覚えられない)。
- □ 暗算で間違えやすい。
- □ 暗算で間違えやすいのに、書くことを嫌がり暗算で解こうとする。
- □ 問題や問題の解き方について大人が説明を始めると途中からわからなくなる。

ワーキングメモリ(WM)の視空間領域が弱いと・・・

- □ 物を数えるとき、ダブルカウントや数えとばしをする。
- □ 視野に入る情報が多いと混乱する(例:ドットがたくさんあるとき、筆算で数字が増えたとき)。
- □ 図を用いた説明を難しく感じている様子だ。
- □ テープ図・線分図などを見て、□がいくつ分の長さなのか、頭の中だけの操作ではわからない。
- □ 小学生になっても「左と右」と言われて正しく指さしできない、同じ年齢の子どもに比べて指さすのに時間がかかる。
- □ 物をしまう場所を覚えにくい。
- □ 絵を描く、パズルをする、ブロックで立体を作ることのどれか(または複数)がとても苦手である。

数量処理が弱いと…

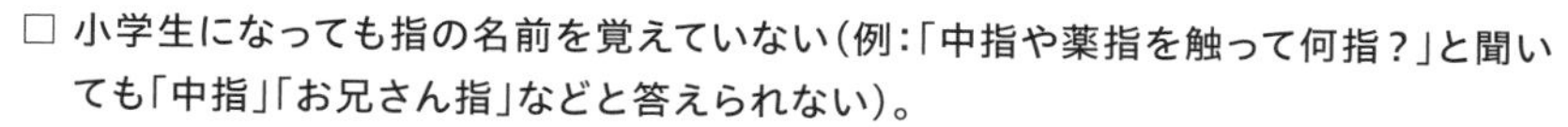

□ 小学生になっても指の名前を覚えていない（例：「中指や薬指を触って何指？」と聞いても「中指」「お兄さん指」などと答えられない）。
□ 同じ年齢の子どもに比べると、2つの皿にあるキャンディのどちらが多いかを把握するのに時間がかかる。
□ 10をいくつといくつかに分解する課題（例：２といくつ？）に答えることが同じ年齢の子どもに比べてかなり遅い。
□ 10の分解はできるが、５～９の数をいくつといくつかに分解する課題を解くのが同じ年齢の子どもに比べてかなり遅い。
□ 小学校中学年になっても、たし算やひき算で指を使わないと計算ができない（ひざの上や机の上で少しだけ指が動いているものも含む）。
□ 同じ年齢の子どもに比べると、「３と５」「４５と５８」のような、記号で表された数の大小がすばやくはわからない。
□単位が表す量（例：１時間が60分、１kmが1000m、１mが100cm）であることを覚えにくい。

ナンバーラインでチェック

支援者が紙に線を引き左端に0、右端に10と書きます。そして、線の上に5と書き「ここが0でここが10なら、5はどこになりますか。線を引きましょう」と言います。いろいろな数でテストします。また、右端の数が10でできれば、100や1000にして上に書く数を「27」や「754」など、いろいろな数でテストします。子どもによってはこうした問題に苦手さを示すことがあります。

※明らかに違う答えを書いてもニュートラルな態度で受け止めます。修正したり、叱ったりしないようにします。
※子どもや年齢によって特徴の表れ方はさまざまです。また、これらの特徴があったからといって必ずしもワーキングメモリや数量処理が弱いわけではありません。

子どもの学習困難別に教材を選べる クイックガイド

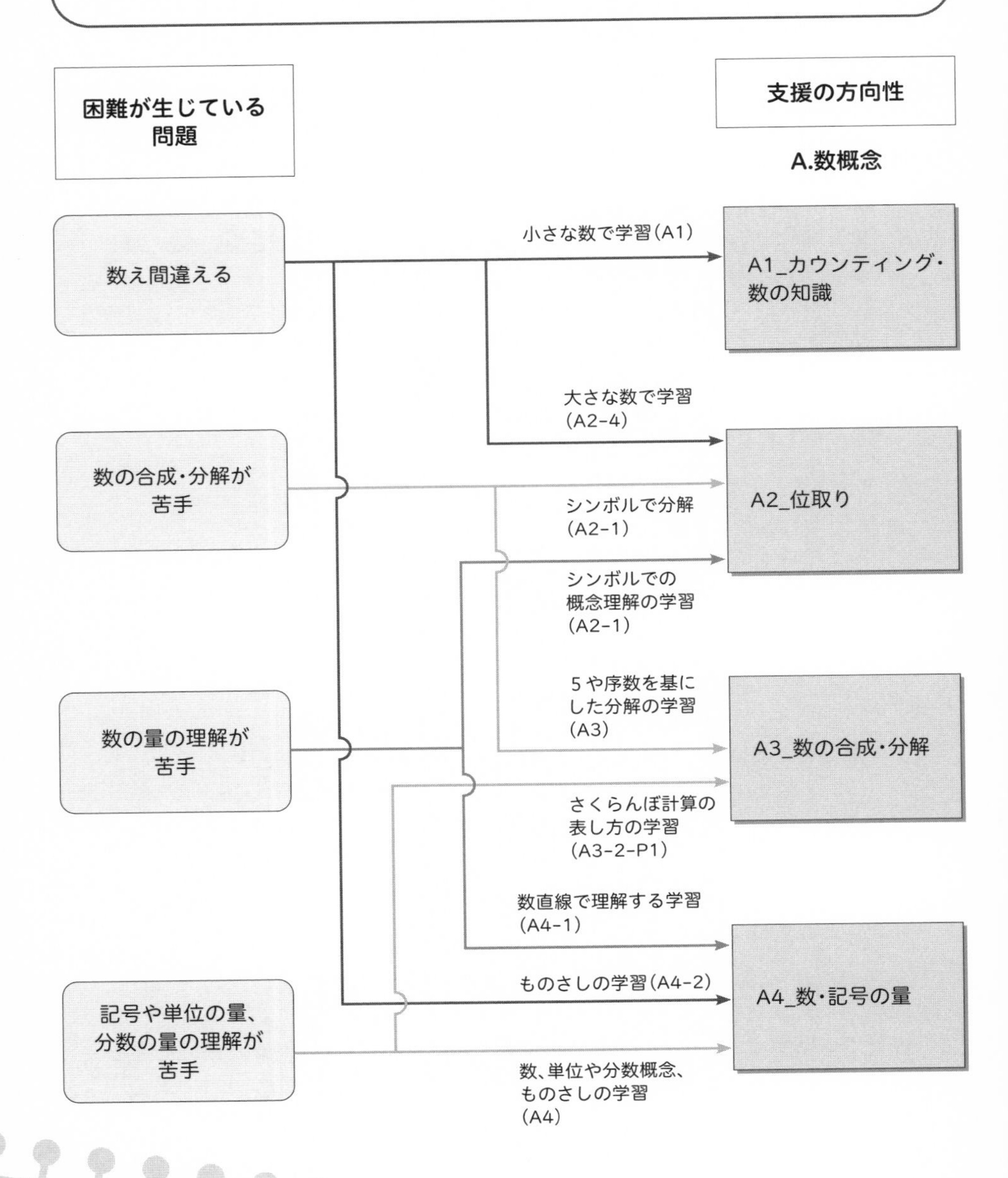

本書では、算数に困難のある子どもが学習に苦手さを示しやすい課題や教えにくい考え方、手続きについて取り上げ、プリントの例を示しています。子どもに合わせて教材や支援方法を考えるときに参考にしてみてください。

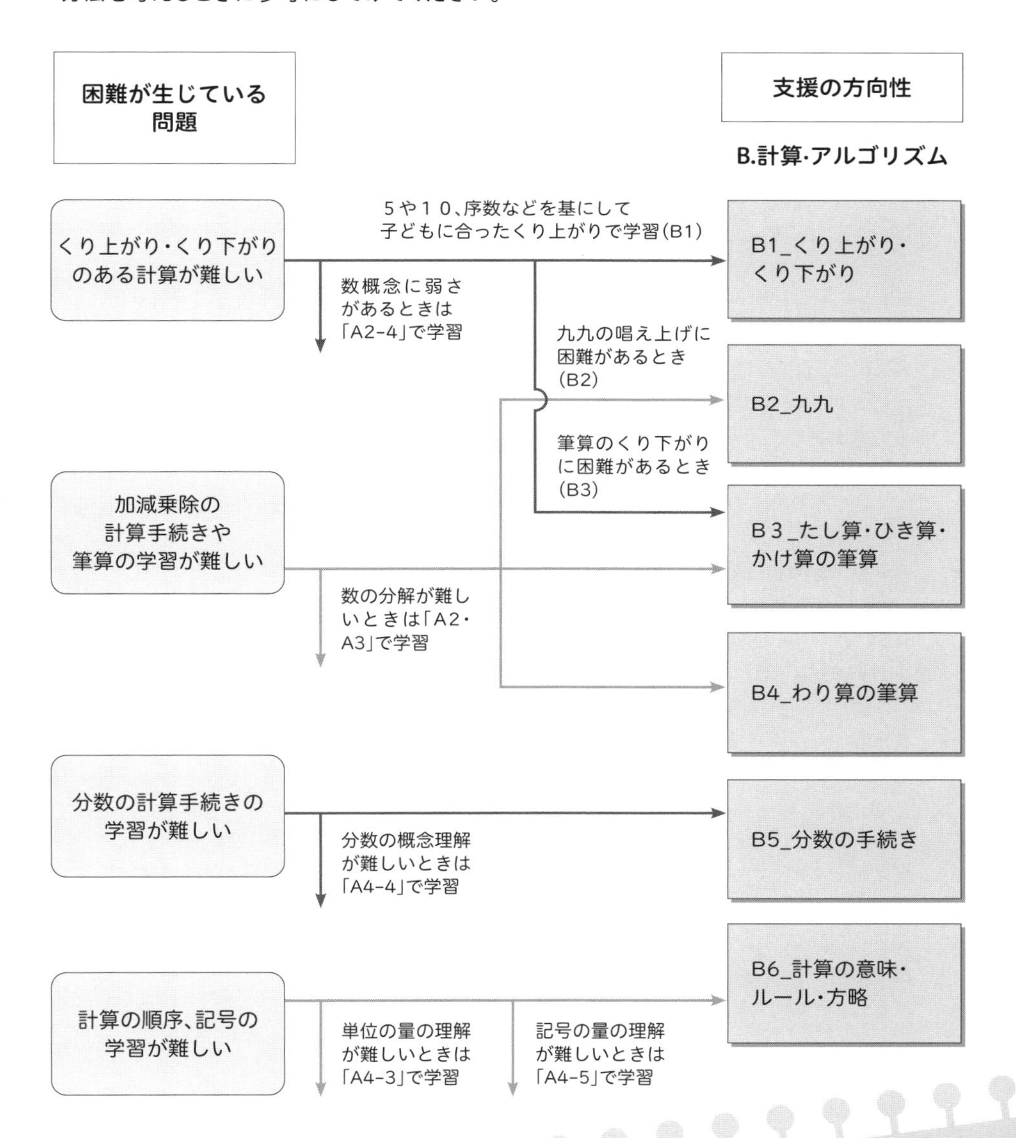

数概念、計算・アルゴリズム、問題解決

本書では、算数の内容を(A)数概念、(B)計算・アルゴリズム、(C)問題解決という3つのカテゴリーで整理しています。算数学習の課題の形式に注目して「図形問題」「測定」「文章題」などと分類するのではなく、その課題が子どもに主に何を要求しているのか、つまりその課題を解くときに必要な力は何かという視点から、算数の内容を分類しています。

(A)(B)(C)は、一般的な表現ではそれぞれ、「基礎的な数の理解」(あるいは「数処理」と「数概念」(熊谷・山本、2018))と、「計算」「文章題」に相当します。

ただし、数概念と計算・アルゴリズム、問題解決は厳密に区別できるものでもありません。数概念では、数の順序や数が表す量に関する学習を含みます。計算・アルゴリズムでは、加減乗除の計算そのものや筆算を含みます。また、筆算ではなく、アルゴリズムと表現しているのは、必ずしも紙に書かずに頭の中で行う手続きや、指を使った手続きなども含めるためです。問題解決は文章題のように提示された問題を解決するものですが、いわゆる算数の文章題だけでなく図形問題や図形を中心とした文章題も含むものとします。

本書で取り扱う教材は、上記の3つのうち、(A)数概念、(B)計算・アルゴリズムです。

具体的な学習内容としては、以下のようなものがあげられます。
(A)数概念:「カウンティング・数の知識」「位取り」「数の合成・分解「数・記号の量」
(B)計算・アルゴリズム:「くり上がり・くり下がり」「九九」「たし算・ひき算・かけ算の筆算」「わり算の筆算」「分数の手続き」「計算の意味・ルール・方略」

これらは学習指導要領における算数の領域や教科書の項目名とは異なりますが、あえて言うのなら、おおまかには36・37ページの「クイックガイド」に示すような関わりであるとイメージしています。

なお、本書では算数に困難のある子どもが学習に苦手さを示しやすい課題や教えにくい考え方や手続きについて取り上げ、プリントの例を示しています。算数に困難のある子どもがみんな同じ箇所に困難を示すわけでも、本書で示したプリントが算数に困難のあるすべての子どもに当てはまるわけでも、困難の生じがちな箇所の学習内容を網羅するわけでもありません。本書は困難の特徴の解釈と対応する教え方について、1つの例を示すものです。子どもに合わせて教材や支援方法を考えるときに、参考にしていただければ幸いです。

プリントの使い方 A

数概念

学習内容

数の多少の判断

混ざり数え上げ

こんな子に

違う絵が混ざると数えるのが苦手

こんな支援を

数字と絵に印をつけるとわかりやすい

WMに関する困難

言語領域

・最初に星を数えていて、次にハートを数えているとき星の数を忘れる。

・視空間領域の刺激に注意を奪われて、「1、2、3、5」のように数えとばす。

視空間領域

・数えたものの位置を覚えられず、ダブルカウントしたり数えとばしたりする。

数量処理

どちらが多いのか判断に時間がかかる。

弱さに配慮し強さを生かした支援

●短所補償

・1度に1つの活動に取り組むようにしたうえで、数えた結果を書き留めます。
・左から数える、数えたものをチェックするなどします。

●長所活用

・直感的に数量の大小を比較できないときは指を使ったり、直線上にシールを貼ったり、数を書いてどちらが多いかを判断したりして、順番で数の多少を判断します。

スモールステップ

・このプリントでは★や♥が混ざっていると数えられない子どもや、数の大きさを比較できない子どもが難しさを感じるときがあります。
・プリント（A1-1-P1）とプリント（A1-1-P2）に分け、P1では数える練習を、P2では数の大きさを比較する練習が入っています。
・混ざっていても数えられる子どもでは、P2から取り組んで構いません。

［プリントA1-1-P1］
P1では、♥や★が混ざっていても数える練習をします。

●ステップ1

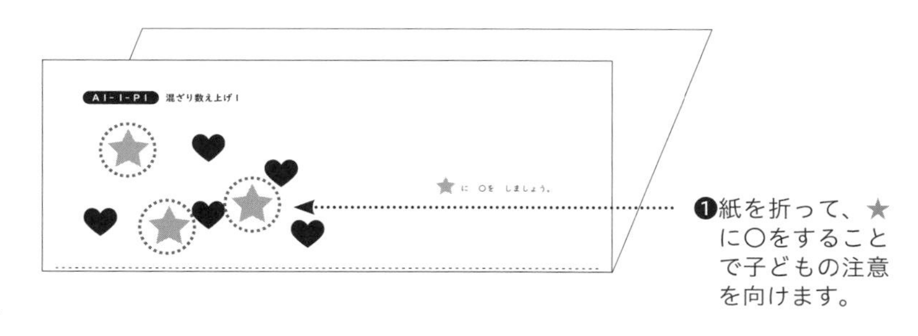

●ステップ2

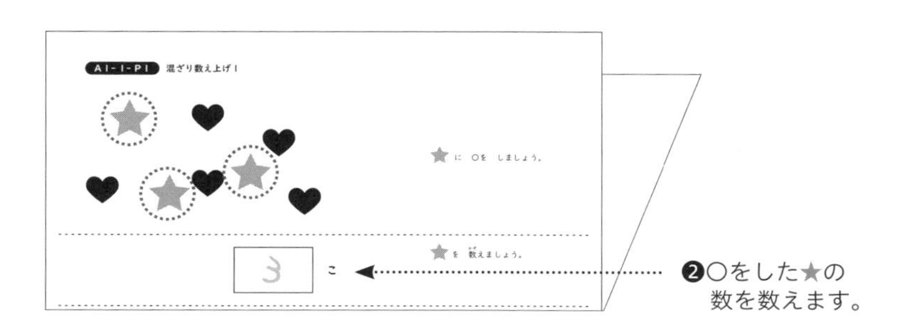

●ステップ3～4

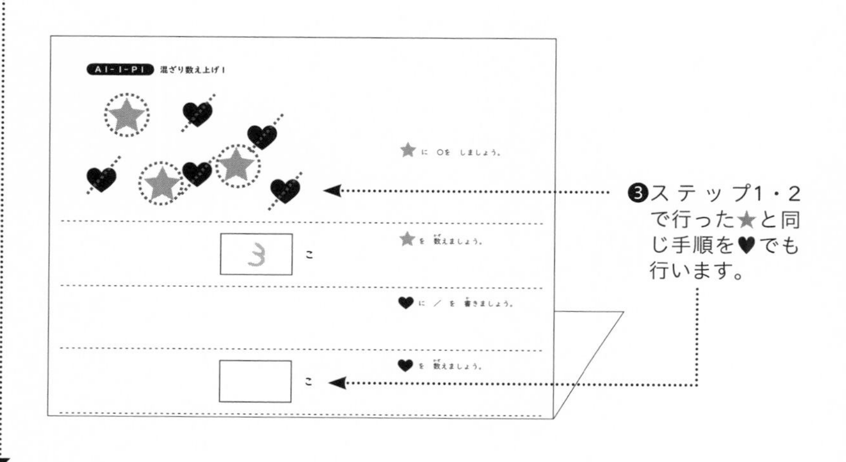

●ステップ5

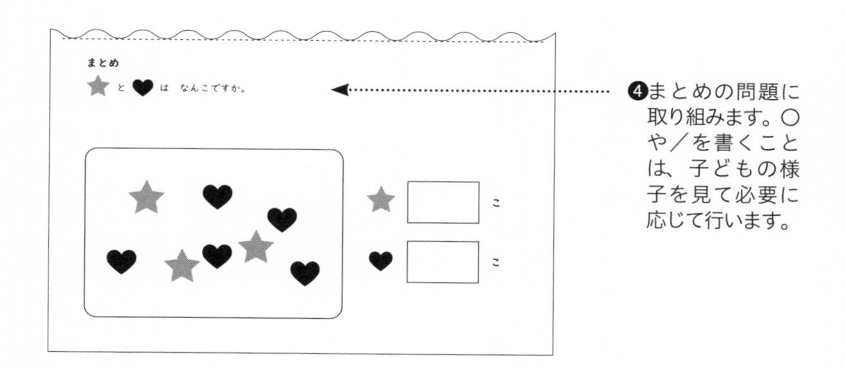

［プリント A1-1-P2］
P2では「どちらが多いか」を判断します。

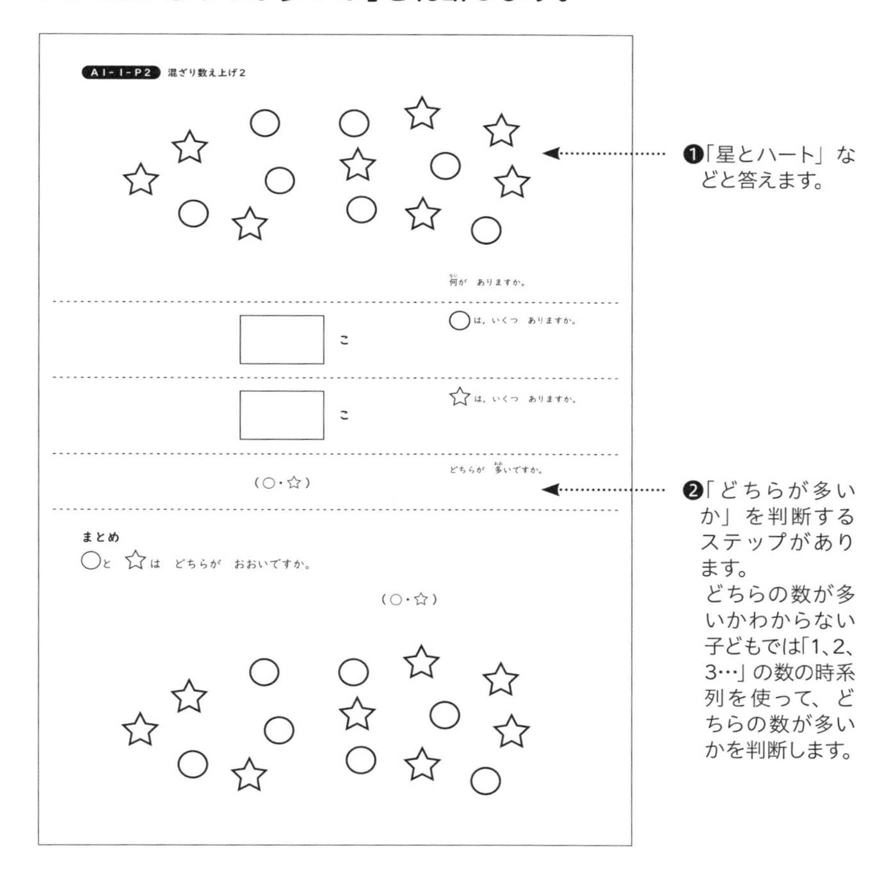
A1-1-P2　混ざり数え上げ2

何が　ありますか。

○は、いくつ　ありますか。

□ こ

☆は、いくつ　ありますか。

□ こ

どちらが　多いですか。

（○・☆）

まとめ

○と ☆は　どちらが　おおいですか。

（○・☆）

❶「星とハート」などと答えます。

❷「どちらが多いか」を判断するステップがあります。
どちらの数が多いかわからない子どもでは「1、2、3…」の数の時系列を使って、どちらの数が多いかを判断します。

数えるだけならできる子どもでも、いろいろな刺激が混ざっていると数えられなかったり、数の大きさの比較ができなかったりします。ワーキングメモリや数量処理のさまざまな困難が関わる問題です。子どもの状態をよく観察して、P1とP2プリントを使い分け、各ステップでの支援を適切に入れるなどしましょう。

学習内容

A1-2 数の系列の判断

数の順番逆順・数系列

こんな子に

11→10→9→□→7→6

・知らないパターンになると切り替えられない
・5とびのような数が判断できない

こんな支援を

11→10

今、注目すべき情報だけを見えるようにして、数が変化する様子を1つずつ観察する

WMに関する困難

言語領域

・就学前、数の唱え上げを覚えることが難しかった。

・言葉だけで書かれたことをイメージしにくい。

視空間領域

・数の進む方向を切り替えられない。

・たくさんの情報があると焦点をしぼれなくなる。

数量処理

・数の大小比較が難しく、数の変化がわかりにくい。
・2とび、5とびであることが判断できない。

弱さに配慮し強さを生かした支援

●短所補償

・一度にすべての情報を見ると分析ができなくなります。今、必要な情報だけに焦点を当てやすくします。

●長所活用

・いろいろな問題があることを知識として学びます。
・1、2、3…、10、9、8…など、習得済みの知識を活用します。

スモールステップ

- この問題は、「9」の次は「10」という習得済みの知識がワーキングメモリを占めてしまい、別のやり方に切り替えられない子どもがパニックになりがちです。
- プリント(A1-2-P1)では、「9→8→7…」のように逆順の系列への対処法を、プリント（A1-2-P2）では、問題の途中に未知数が含まれていて、さらに数の系列が書かれていない問題への対処法を示しています。

[プリントA1-2-P1]

昇順・降順、大きな数など、さまざまなタイプの問題をP1のような形で取り組んでいきます。

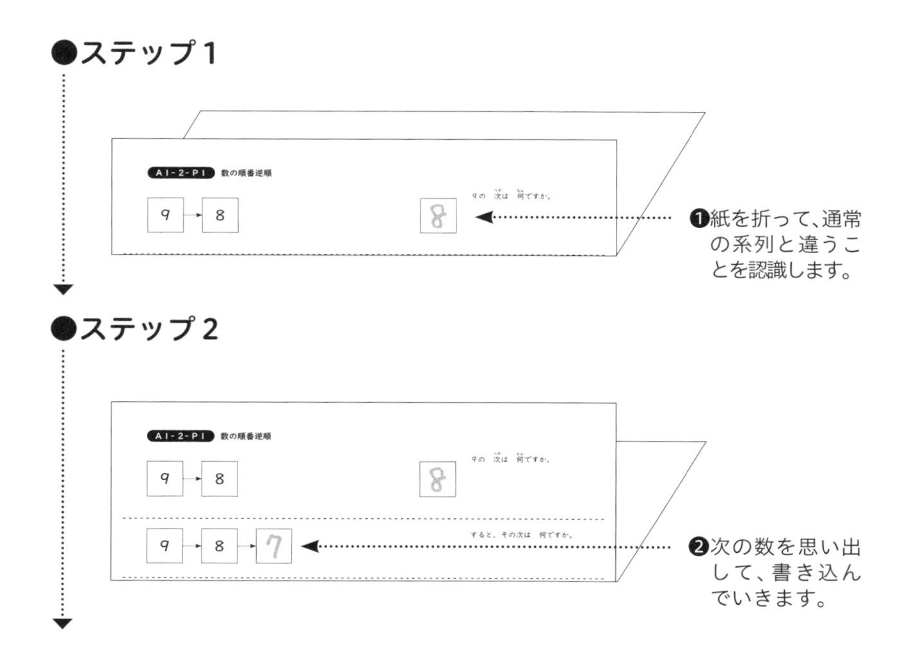

●ステップ3～4

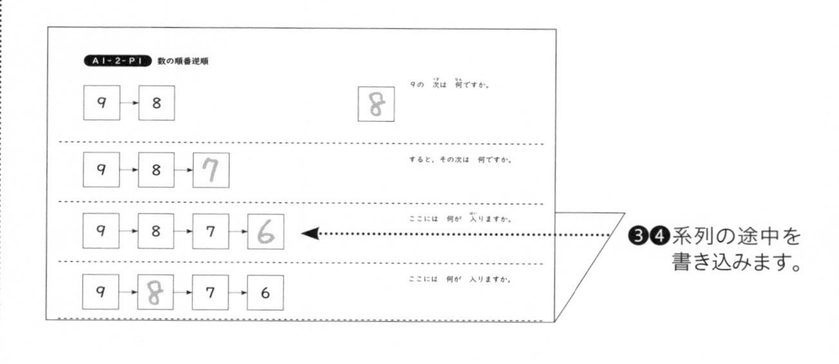

❸❹系列の途中を書き込みます。

●ステップ5～6

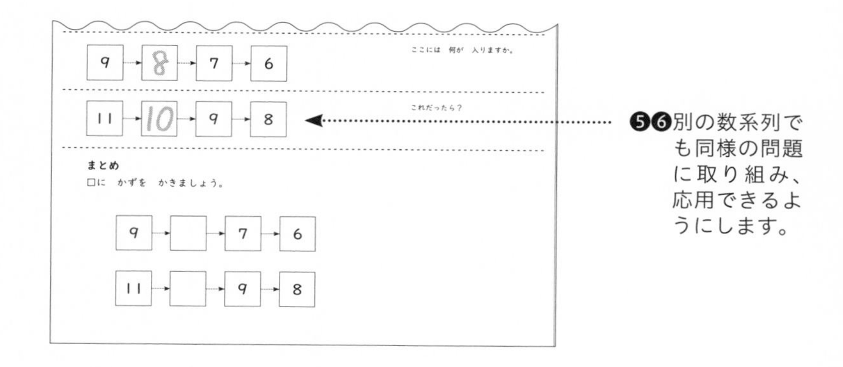

❺❻別の数系列でも同様の問題に取り組み、応用できるようにします。

［プリント A1-2-P2］
P2は、数の系列が書かれていないタイプの問題です。

A1-2-P2 数系列

52	53	54	55	56	57	□	52より 1 大きい 数は 何ですか。

□ 52より 5 大きい 数は 何ですか。

□ 57より 1 小さい 数は 何ですか。

□ 57より 5 小さい 数は 何ですか。

まとめ

□ より 5 ちいさい かずは 52です。

「52より5大きい数はいくつ？」や「57より5小さい数はいくつ？」という問題に比べて、「□より5小さい数は52です」という問題は難易度が高くなります。

その問題が何を表しているのか、プリントの上から順にスモールステップで取り組むことで、エラーレスで学習することができます。

これらの数系列の問題にはさまざまなバリエーションがあります。通常、P1のような問題の前に、昇順の数系列の問題から始まります。2とび、5とびの数を当てる問題は簡単に見えますが、算数が苦手な子どもにとってはとても難しいものです。焦らず叱らずに取り組んでいきます。

A1-3

学習内容

順序の判断

順番・列問題

こんな子に

・左右の理解があいまい
・右から数えることに切り替えられない

こんな支援を

左右を文字で示し、1つずつ数える練習をする

WMに関する困難

言語領域

・方向は感覚的にわかるが、「ひだり」「みぎ」という言葉を当てはめて覚えることができていない。

・複数のやり方で試行錯誤できない。

視空間領域

・「ひだり」「みぎ」という言葉は知っているが、方向の理解自体があいまいで、どちらがその方向かわからない。

・違う方向へのやり方に切り替えられない。

数量処理

方向の中に数を位置づけにくい。

弱さに配慮し強さを生かした支援

●短所補償

・方向がわかりにくいので、文字や矢印で方向を表します。
・方向を判断する処理と、数える処理を分けて取り組みます。

●長所活用

・1、2、3…と、数え上げる力を生かします。
・言葉に変換しなくても済む、パターンで理解する力を生かします。

スモールステップ

・この問題は「ひだり」「みぎ」の方向の判断がわからなかったり、時間がかかったりする子どもが困難を示しがちです。左右を判断する処理と、1つ目、2つ目を数える処理を同時に行うのではなく、分けて行えるようにプリントを工夫します。
・順番についての応用問題でも同様に、何番目かを判断する処理と、何が求められているかを理解する処理は分けて行います。

［プリントA1-3-P1］
教科書などにもある基礎的な問題です。「ひだり」「みぎ」のヒントをなくしたり、子どもが数字を書く形式にしたり、徐々に難易度を上げます。

●ステップ1

❶紙を折って、右がどちらなのかに注意を向けます。

●ステップ2

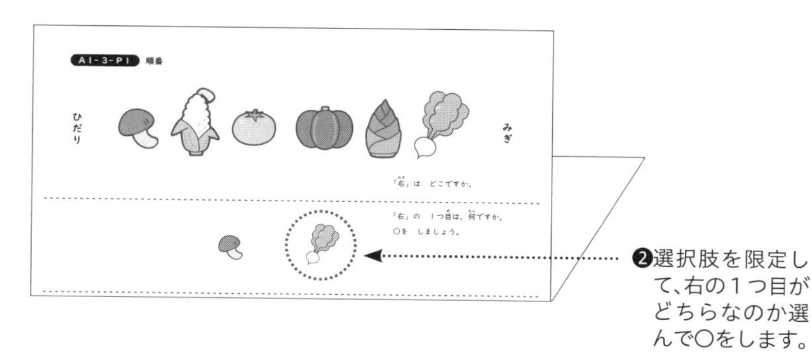

❷選択肢を限定して、右の1つ目がどちらなのか選んで○をします。

●ステップ3～4

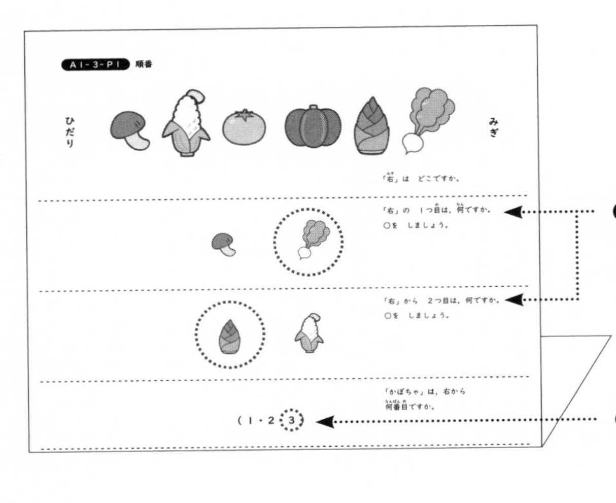

❸1つ目→2つ目と流れを作り、数字で判断するステップに取り組みます。

❹1つ目と2つ目はすでに終わっているため、選択肢を（1・2・3）と示すことで、「3」に○をするよう誘導できます。

●ステップ5

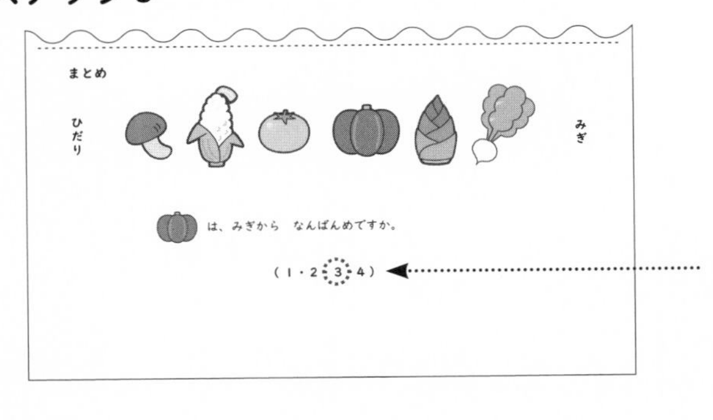

❺まとめの問題に取り組みます。ステップ4までの問題を繰り返す代わりに、選択肢に「4」を加えて難易度を上げたことが子どもにわかるようにします。

［プリントA1-3-P2］
P2は、〇番目を聞く応用問題の取り組み方の例です。

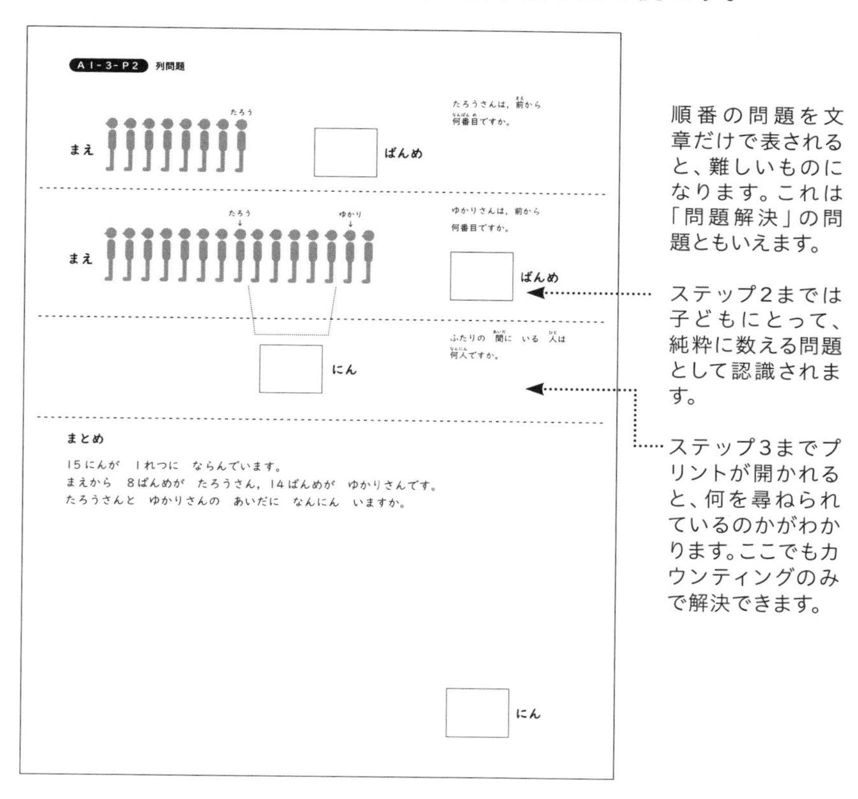
A1-3-P2　列問題

まえ　たろう

たろうさんは，前から何番目ですか。

ばんめ

まえ　たろう　ゆかり

ゆかりさんは，前から何番目ですか。

ばんめ

ふたりの　間に　いる　人は何人ですか。

にん

まとめ

15にんが　1れつに　ならんでいます。
まえから　8ばんめが　たろうさん，14ばんめが　ゆかりさんです。
たろうさんと　ゆかりさんの　あいだに　なんにん　いますか。

にん

順番の問題を文章だけで表されると、難しいものになります。これは「問題解決」の問題ともいえます。

ステップ2までは子どもにとって、純粋に数える問題として認識されます。

ステップ3までプリントが開かれると、何を尋ねられているのかがわかります。ここでもカウンティングのみで解決できます。

「右から何番目？」といった方向が関わる問題や、左から何番目・上から何番目と、座標のように場所を特定する問題は、方向がわかりにくい子どもや、やり方を切り替えられない子どもにとっては困難な問題です。ゆっくりなら左右判断ができる子どもや、数えることがゆっくりな子どもでも、こうした問題はつまずきがちです。しっかりとスモールステップに分けて学習できるように配慮します。

A1-4

学習内容

5とびの数の判断

5とび・5分ずつ数え上げ

こんな子に

右下
左上
左下

40、45…
さんじゅう
だっけ？

方向が変わる数曲線上に、5とびを位置づけられない

こんな支援を

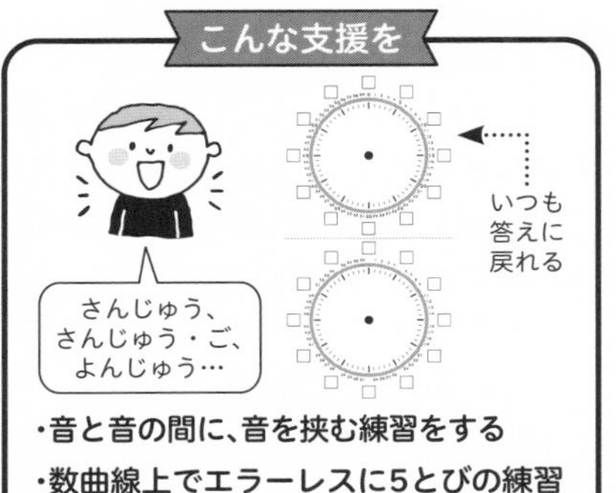

・音と音の間に、音を挟む練習をする
・数曲線上でエラーレスに5とびの練習をする

※ここでは、円周を数直線を曲げたものと捉えて「数曲線」と呼びます。

WMに関する困難

言語領域

・音だけでは「にじゅう、にじゅうご、さんじゅう、さんじゅうご」のパターンを分析できない。

・「よんじゅう・ご」まで言ったとき、1つ前が「さんじゅう」なのか「よんじゅう」なのか忘れる。

視空間領域

・方向が変化していく数曲線の方向がわかりにくい

数量処理

・5とびの数が量としてどのように大きくなるか把握しにくい。
・方向が変化する数曲線上に数を位置づけにくい。

弱さに配慮し強さを生かした支援

●短所補償

・音を分析するのが難しいので、文字で示して練習します。
・言葉の指示を受けながら練習しなくてもよいように、答えを見ようと思えば見えるようなプリントの構成にします。

●長所活用

・習得した知識を基にして、ターゲットとなる新しい学習を積み上げていきます。

スモールステップ

・情報の処理をしながら情報を覚えておくことが難しい子どもでは、さっき言ったばかりの音を忘れてしまったり、繰り返し音を言うことが、早口言葉のように負荷のかかる課題になってしまいます。そこで、音の分析や挿入をスモールステップに分けて取り組んだり、それを数曲線に当てはめるステップとして練習したりします。

［プリントA1-4-P1］

P1は、音を繰り返すと混乱する子どものための支援です。最初からできる子どもは、P2からスタートします。

●ステップ1 ……▶ ●ステップ2

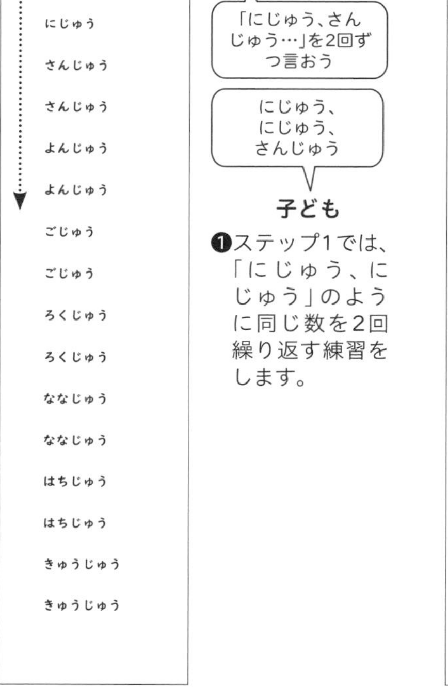

❶ステップ1では、「にじゅう、にじゅう」のように同じ数を2回繰り返す練習をします。

にじゅう
にじゅう
5
さんじゅう
さんじゅう
5
よんじゅう
よんじゅう
5
ごじゅう
ごじゅう
5
ろくじゅう
ろくじゅう
5
ななじゅう
ななじゅう
5
はちじゅう
はちじゅう
5
きゅうじゅう
きゅうじゅう
5

支援者

2回目のあとに「ご」を入れよう

にじゅう、にじゅうご、さんじゅう、さんじゅうご

子ども

❷ステップ2では、2回目のあとに「ご」を入れる練習をします。「にじゅう」という音を表す文字と干渉することを避けるため、「ご」は「5」で表し、示唆性を高めていきます。できるようになれば、プリントを見ずに暗唱する練習をしましょう。

［プリントA1-4-P2］

P2～P4は、時計の数曲線上で5とびを位置づけ、練習する支援です。数曲線が難しい子どもは、このプリントの前に数直線の上で、5とびを練習するとよいでしょう。

●ステップ1

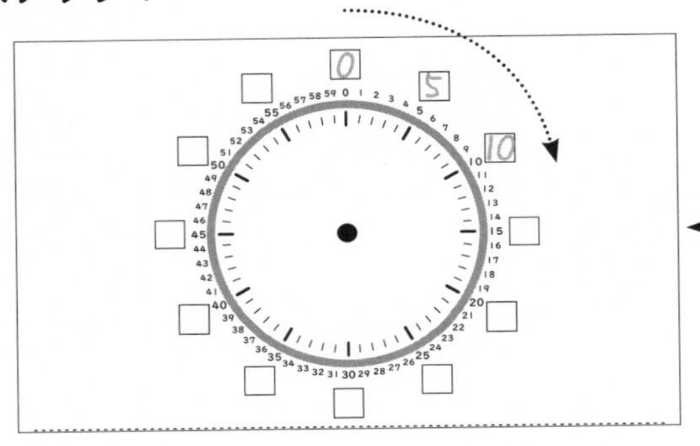

❶数字を見ながら、5とびの数を書き込んでいきます。

●ステップ2

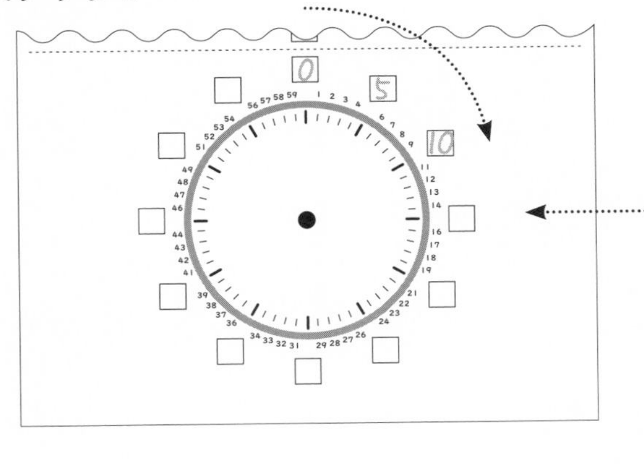

❷プリントを開き、ステップ1をヒントとして進めても構いません。ステップ2では、答える部分だけ数字が印字されていません。4や9を手がかりにして、5や10など、5とびの数を書きます。

［プリント A1-4-P3］

●ステップ2

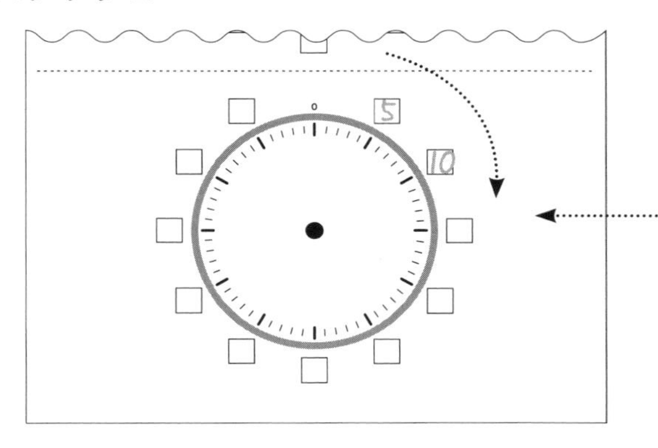

P3・ステップ1は、「P2・ステップ2」の復習であり、「P3・ステップ2」の答えにもなっています。

P3・ステップ2では、ヒントのない数曲線で5とびの数を書いていきます。

［プリント A1-4-P4］

●ステップ2

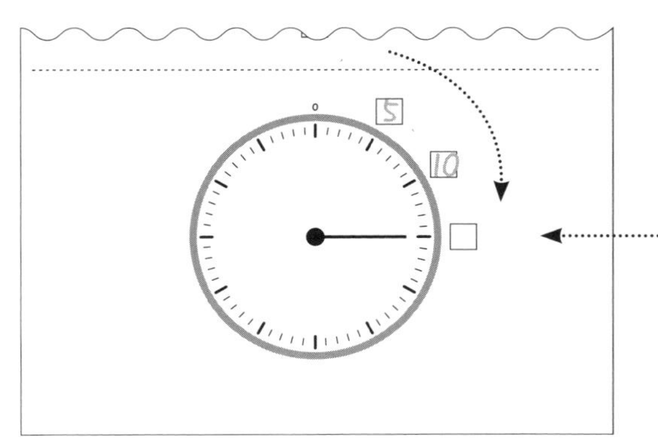

P4・ステップ1は、「P3・ステップ2」の復習です。
ステップ2は、針が示す数を5とびで特定する練習です。5とびでカウンティングするやり方を生かします。

数曲線の理解が難しい子どもでは、最初に学校のグラウンドを模した直線の走路を図で示し、「60m走」と言いながら5とびでカウントする練習をします。以降のステップでは徐々に直線を曲げ、最後にグラウンドを周回できる走路の図に移行し、スタートとゴールが同じ場所になることを理解できるようにします。

学習内容

「何分間」の判断

何分間

こんな子に

何時何分であるかは読めても、何分間なのか理解することが難しい

こんな支援を

カウンティングや手続き計算をする

WMに関する困難

言語領域

・5とびの数え上げが苦手。

・5とびの数え上げを暗唱ならできても、文字盤上で「1時、2時」の文字に対応して「5、10」と言ったり、方向の変わる数曲線上で言ったりするのが難しい。

視空間領域

・方向が変化していく数曲線の方向がわかりにくい

数量処理

・日常生活でも「5分間」がどのくらいかわからない。
・時間の量を把握しづらい。

弱さに配慮し強さを生かした支援

●短所補償

・量を把握しづらいので、言葉やシンボルを使った計算で補います。

●長所活用

・すでに習得している力であるカウンティングや手続き計算を使って、何分間なのか計算します。

スモールステップ

・このプリントに取り組む前提条件として、長針の示す位置から何分間であるのか、読み取れる必要があります。
・時計の針から何時何分かを読み取る課題に比べて、何分間であるかを計算する問題はとても難しいです。
・ここでは本質的な解決というより、学校や日常で提示される目の前の課題を解決するために行うカウンティングを教えるやり方を紹介します。

［プリント A1-5-P1］

P1では、時計を使ってカウンティングしながら、何分間であるかを判断していきます。

●ステップ1-2　このプリントは折らなくても構いません。

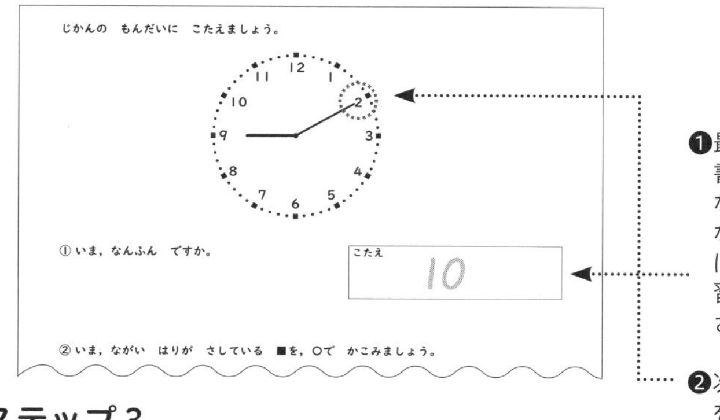

❶最初に何分かを書きます。何分なのか読み取れない子どもでは、まずこの学習を行ってください。

❷次に文字盤に○をします。

●ステップ3

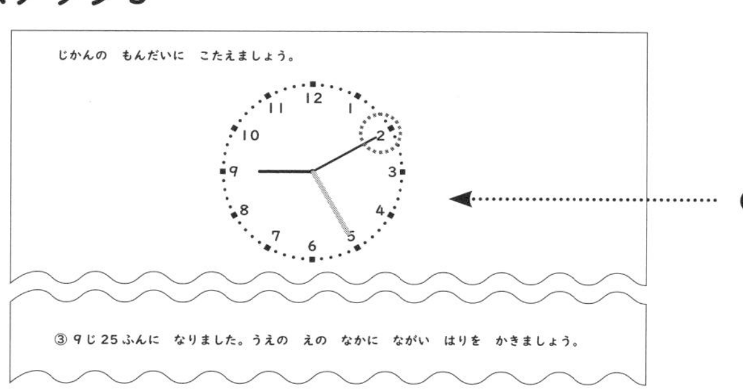

❸問題どおりに文字盤に針をかき込みます。

●ステップ4

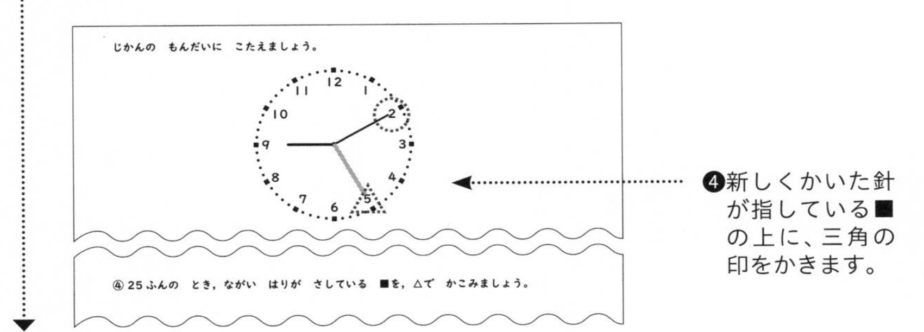

●ステップ5

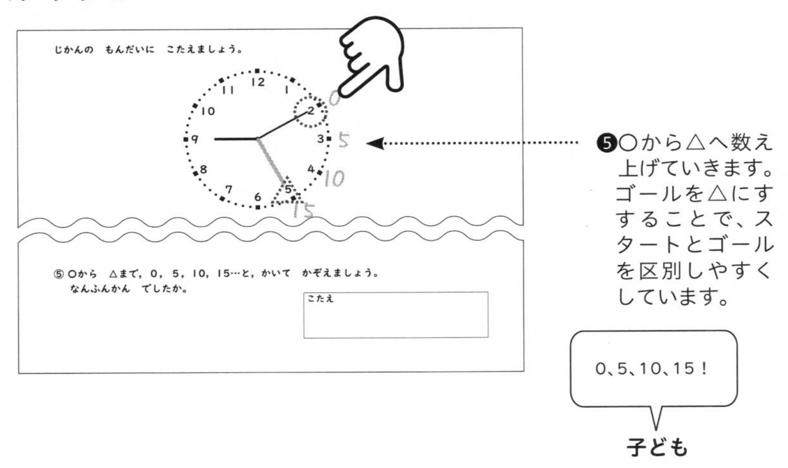

数え始めを「０」にしているのは、数え始めの起点になる場所を「５」と読んでしまう子どものための対応です。もし、子どもが起点から１つ進んだ場所を、普段から「５」と言えるならば、「０」は言わなくても構いません。

すごろくなどで、数え始めの起点から１歩進んだところが「１」と、カウンティングする練習をすることも大切です。

［プリントA1-5-P2］

P2以降は、P1で学習したことを違う数字で復習したり、次第にステップを減らして自動化していく学習です。

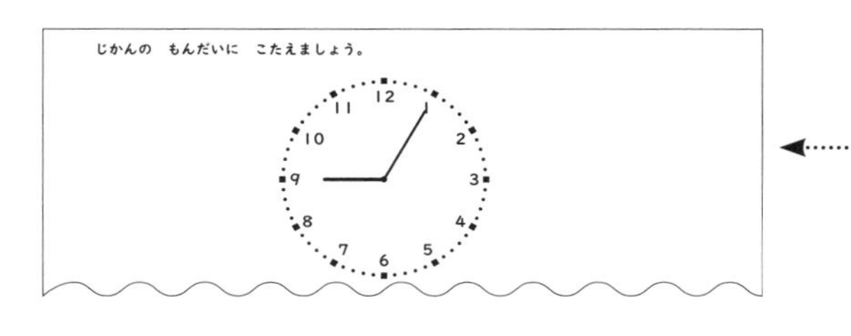
じかんの　もんだいに　こたえましょう。

P2は「5分」から開始する問題です。もし、学習の最初にこのプリントを実施すると、「5、10、15…」という数え方と、5とびである分を、数えるときに混同してしまいます。

［プリントA1-5-P5］

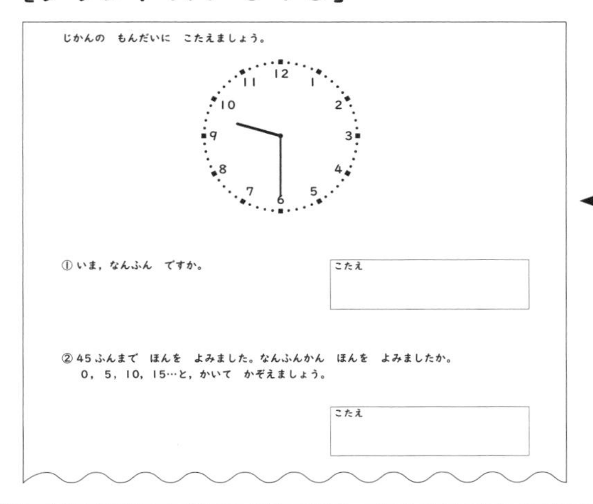
じかんの　もんだいに　こたえましょう。

① いま，なんふん　ですか。

こたえ

② 45ふんまで　ほんを　よみました。なんふんかん　ほんを　よみましたか。
0，5，10，15…と，かいて　かぞえましょう。

こたえ

「20分から40分まで何分間でしょう」という問題で、「20、25…」と数え上げてしまう子どももいますので、学習の順番には注意が必要です。

やり方に慣れてきたら、プリントは計8枚ありますが、P5のように徐々にステップを減らしていきます。

時間の問題は、「4時15分から5時25分までは何時間何分間でしょうか」といった、高度なものに発展していきます。教科書などで紹介される標準的なやり方では、キリのよい時間まで何分間か計算するなどしますが、数量処理に弱さのある子どもではそのような時間の分解が苦手です（どこでキリがよいかもわかりにくい）。そのため、対症療法的ですが、筆算のやり方で問題を解決していきます。また、本質的な解決としては、日常の中で焦らず少しずつ時間の量を見積もる練習をしていきましょう。簡単な時間の見積もりが難しくても決して叱るようなことを言ってはいけません。

学習内容

位取りのしくみ

位取りクイズ・プリント

こんな子に

・大きな数が読めない
・ブロックの量がわからない

こんな支援を

5000
900
50
3

数字の操作によって学習する

WMに関する困難

言語領域

・「せん」「ひゃく」など数の音を思い出しにくい。

・「せんごひゃくにじゅうご」は早口言葉のように言い間違いやすい。

視空間領域

・頭の中でブロックをつなげたり、分けたりする操作をしにくい。

数量処理

ブロック10個が「10」、100個が「100」に対応していることを理解しにくい

弱さに配慮し強さを生かした支援

●短所補償

・量を把握しづらく、ブロックでも量を把握しにくい場合は、量による表現を回避して学習します。

●長所活用

・すでに習得しているシンボル（数字）を操作することをとおして、位取りのしくみを学習します。

スモールステップ

- このプリントでは1～9の数字を読めることが前提となります。
- 最初は再認によって数の音に親しみ、お札に似た数のカードを選び、徐々に子どもが数字を読むステップに進めます。
- こうして学習した知識を使って、数字という記号のみを操作しながら、位取りのしくみを学習していきます。

※「再認」は言われたものを選ぶこと、「再生」は自分で声に出すことです。

［プリントA2-1-P1］
P1では、数の音に親しみ、数字を読む練習を行います。

●ステップ1

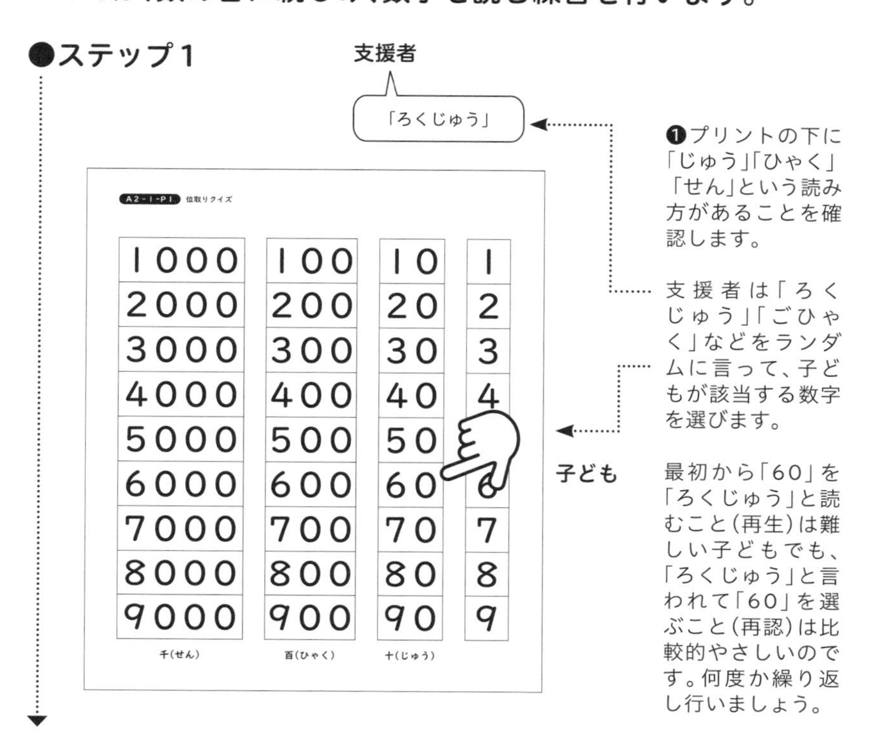

❶プリントの下に「じゅう」「ひゃく」「せん」という読み方があることを確認します。

支援者は「ろくじゅう」「ごひゃく」などをランダムに言って、子どもが該当する数字を選びます。

最初から「60」を「ろくじゅう」と読むこと（再生）は難しい子どもでも、「ろくじゅう」と言われて「60」を選ぶこと（再認）は比較的やさしいのです。何度か繰り返し行いましょう。

●ステップ2

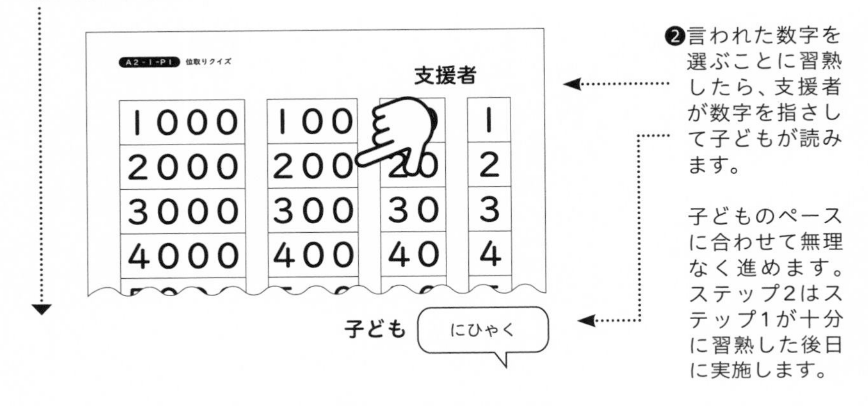

「ひゃく」や「せん」などの数の言葉がよくわからない子どもの場合、最初は「千」の列を見えないようにします。

［プリントA2-1-P2］

P2～P4は、P1で学んだ知識を使って位取りの学習を進めます。P1は、厚紙に貼って切り取ると、位取りの学習ができるカードになります。必要に応じてカードにして学習しましょう。

●ステップ1

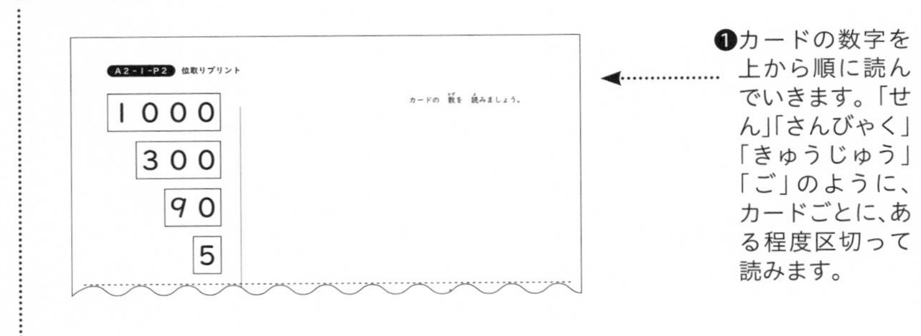

●ステップ2

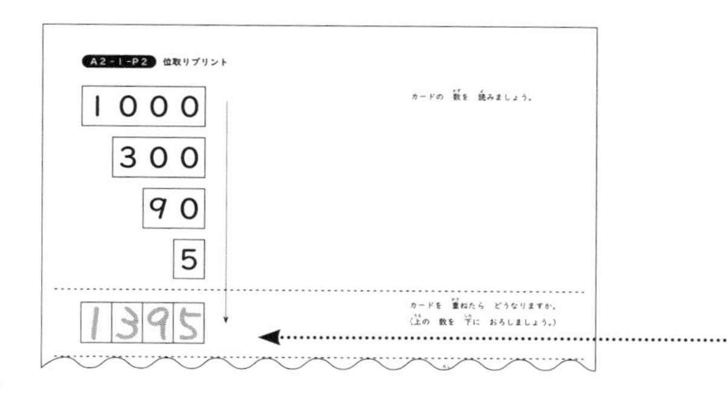

❷カードを重ねるイメージで「1000」を一番下に、「5」が一番上になるように重ねるとどのように数字が見えるか書きます。必要に応じてP1で切ったカードを使って、実際に重ねて見せましょう。

●ステップ3～4

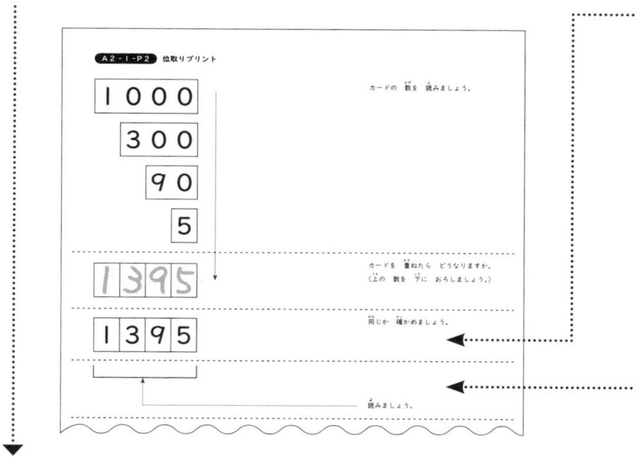

❸数の並びが同じになっているか確かめます。

❹「1395」を「せんさんびゃくきゅうじゅうご」と読む練習をします。読みにくさが見られる場合は、ステップ1のカードをすばやく順に読むと「せんさんびゃくきゅうじゅうご」になります。子どもと一緒にやってみましょう。

●ステップ5

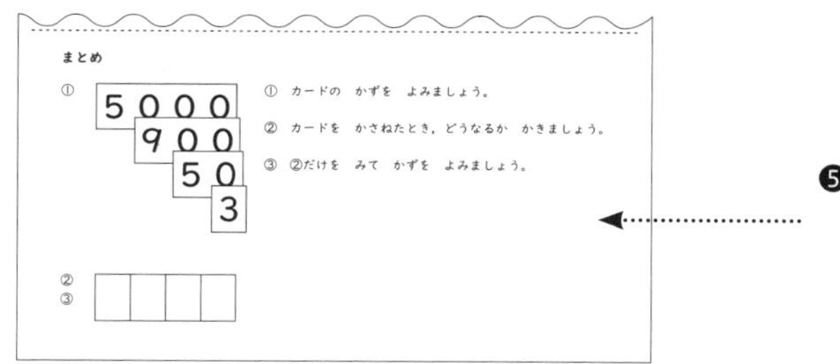

❺最後に①②③の順でまとめに取り組み復習します。

［プリントA2-1-P3］

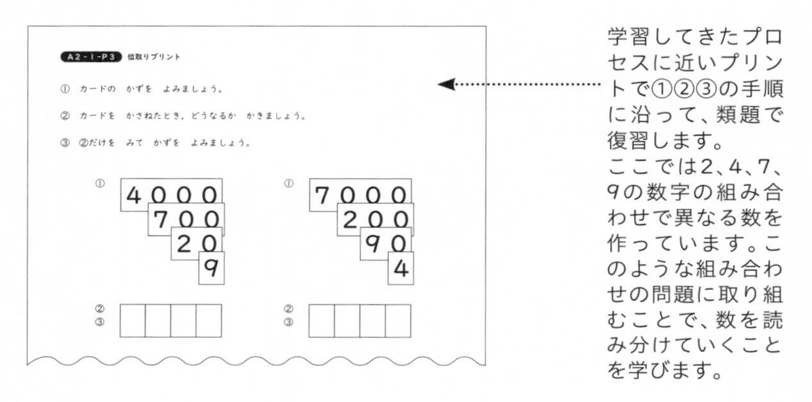
A2-1-P3 位取りプリント

① カードの かずを よみましょう。

② カードを かさねたとき，どうなるか かきましょう。

③ ②だけを みて かずを よみましょう。

① 4000 700 20 9 　① 7000 200 90 4

②③ □□□□ 　②③ □□□□

学習してきたプロセスに近いプリントで①②③の手順に沿って、類題で復習します。
ここでは2、4、7、9の数字の組み合わせで異なる数を作っています。このような組み合わせの問題に取り組むことで、数を読み分けていくことを学びます。

「ひゃく」や「せん」などの数の言葉がよくわかっていない子どもの場合、最初は「千」の列を指で隠すなどして見えないようにします。

［プリントA2-1-P4］

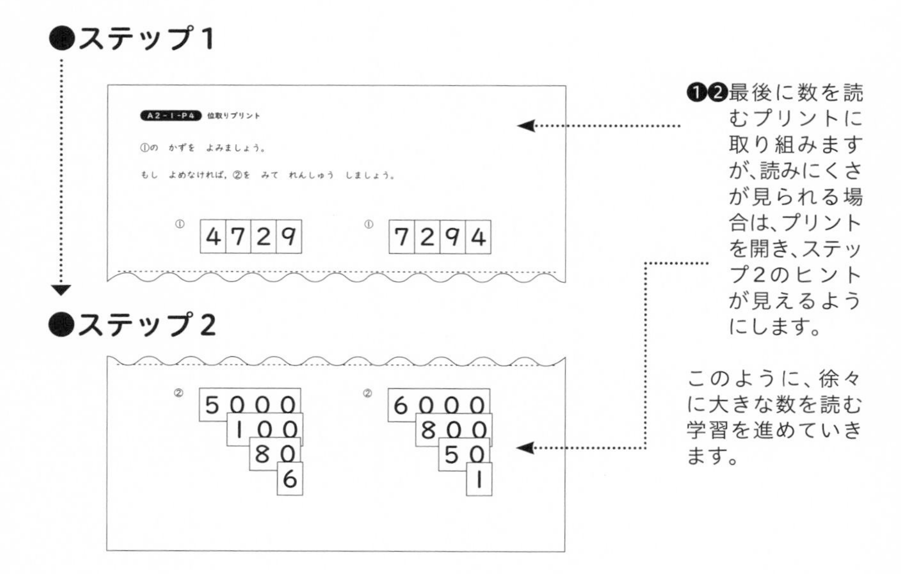
●ステップ1

A2-1-P4 位取りプリント

①の かずを よみましょう。

もし よめなければ，②を みて れんしゅう しましょう。

① 4729 　① 7294

●ステップ2

② 5000 100 80 6 　② 6000 800 50 1

❶❷最後に数を読むプリントに取り組みますが、読みにくさが見られる場合は、プリントを開き、ステップ2のヒントが見えるようにします。

このように、徐々に大きな数を読む学習を進めていきます。

スライドを使った学習

位取りを視覚的に理解しやすくするための教材です。

［教材 A2-Powerpoint］

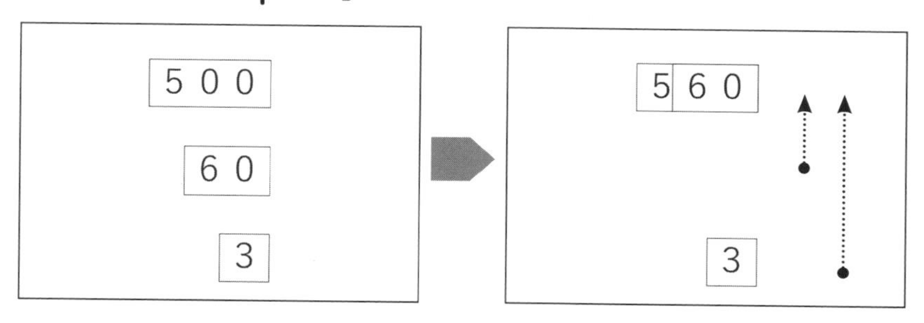

Microsoft PowerPointで作動します（Googleスライドなどでは正しく動作しない場合があります）。

「スライドショー」タブから、「スライドショーの開始」の「最初から」をクリックすると、数字のカードが動きます。必要に応じて数字（全角）を書き換えて使用してください。

●「位取り100合成」では、数字カードを合わせることができます。
●「位取り100分解」では、数字カードを分けることができます。

位取りの学習ではブロックを使ったり、ブロックがつながった10の棒や100の束で、子どもに対して概念が説明されます。ワーキングメモリや数量処理に弱さのない子どもでは、そうした学習によって位取りの背景が理解されると考えられますが、ワーキングメモリに弱さのある子どもでは数字とブロックを同時に処理することが難しかったり、数量処理に弱さのある子どもではブロックの表す量を理解できなかったりして、必ずしも位取りの意味に結びつきません。このような子どもに対しては、数字という記号の操作によって概念理解を図ります。

学習内容

位取りの知識

位取り

こんな子に

位取り記数法が理解しにくい

こんな支援を

・⑩ 1000 といったお金を使う
・既有知識を基にして法則で解決

WMに関する困難

言語領域

・「10が5こでいくつ？」のように、文脈がわかりにくい文章の理解が難しい。

・「千」を「せん」と読み、さらに「1000」と表すことの負担が大きい。

視空間領域

・桁の位置をそろえて理解することが難しい。

数量処理

「36」を、「10」や「1」の単位に分けて考えることが難しい。

弱さに配慮し強さを生かした支援

●短所補償

・数を認識しにくいので、お金のイメージを使って数をかたまりとして認識しやすくしたり、大きな数を扱うときは、ある部分だけに注目して操作すればよいようにします。

●長所活用

・すでに習得している、「1、2、3……10」の知識を使って、大きな数の位取りの知識を学びます。

スモールステップ

・このプリントは、10、20……と、数え上げることができたり、500を「ごひゃく」と読めることが前提となります。P1～P3は系統性を踏まえることではなく、位取り記数法に関する問題の種類をいくつか表しています。
・P1は2桁の数を扱っていますが、同じような形式で3桁以上の数の分解も学んでいきます。
・P2は異なる表記に変換すること、P3は桁数が増えることに、それぞれ学習の焦点があります。

［プリント A2-2-P1］

P1では、お金をイメージして2桁の数字に取り組みます。

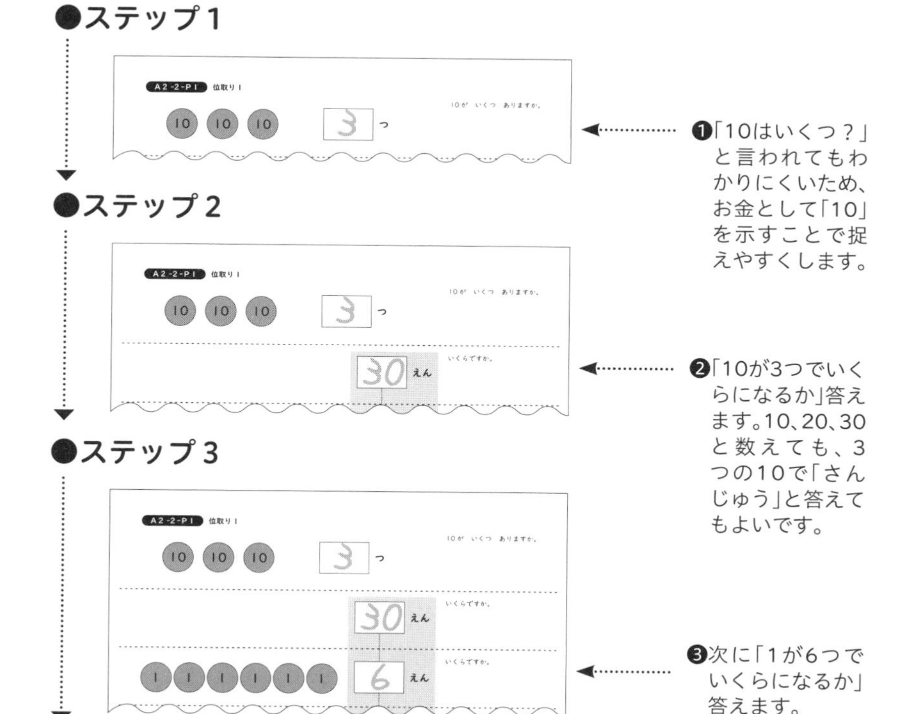

●ステップ4

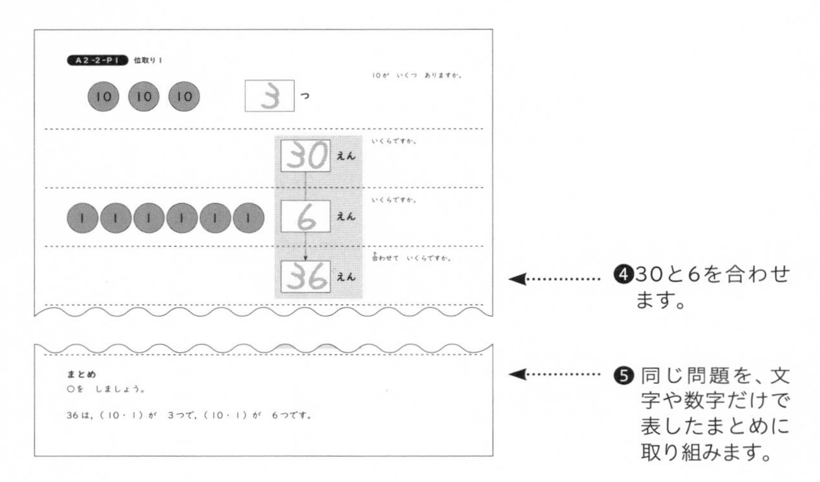

❹30と6を合わせます。

❺同じ問題を、文字や数字だけで表したまとめに取り組みます。

P1で取り上げた問題は、理解できなくても計算はできたり、すぐに次の学習に進んだりするため、やりすごすこともできます。しかし、中学の数学で「358=100×a+10×b+1×c」のように表す問題などで困難が顕在化するため、しっかりと学習しておきましょう。

［プリントA2-2-P2］

P2では、漢数字を算用数字に置き換えます。

●ステップ1

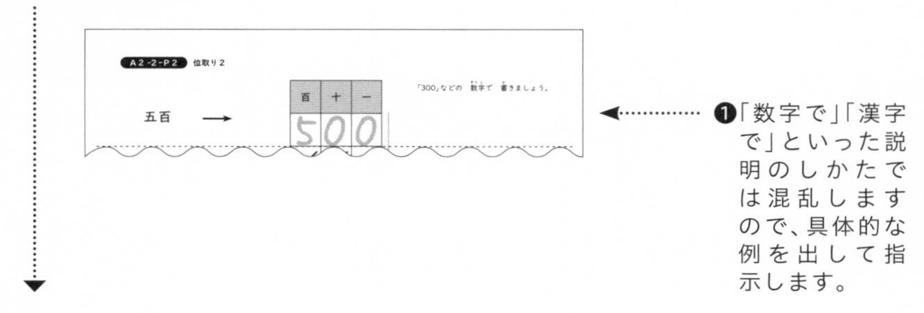

❶「数字で」「漢字で」といった説明のしかたでは混乱しますので、具体的な例を出して指示します。

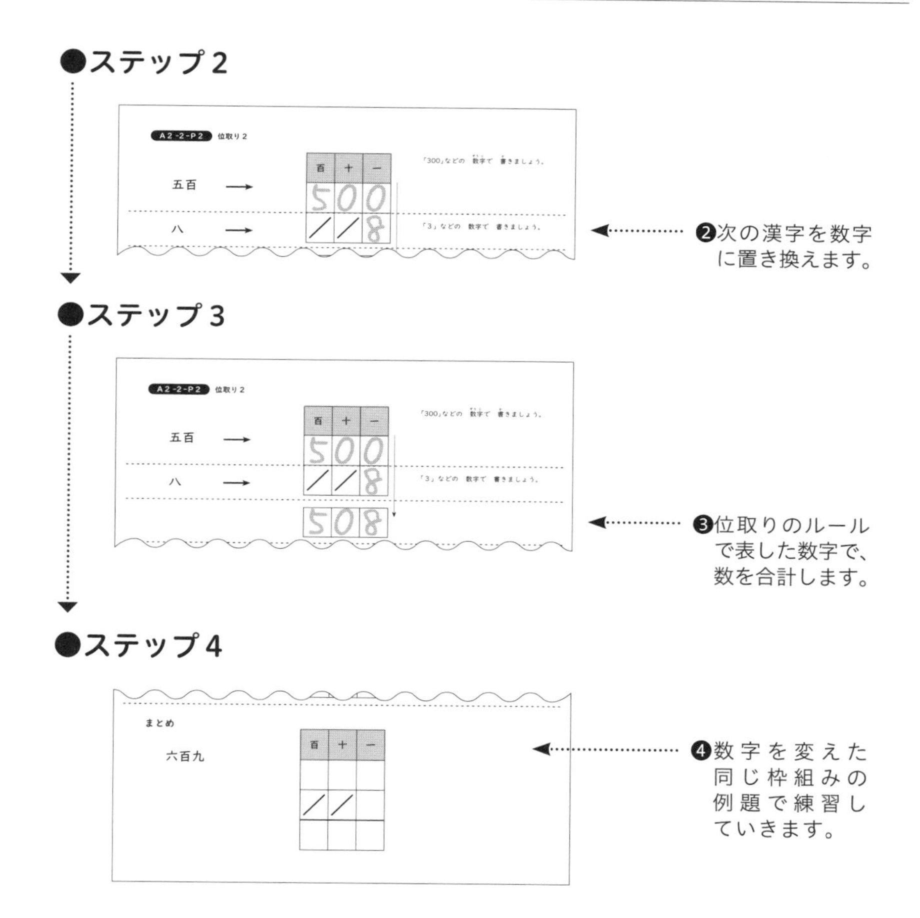

漢字でも「五〇八」で「ごひゃくはち」と読むルールがあれば、数字の位取りと同じになりますが、伝統的に「五百八」と表記し、読みやすさが重視されています。一方、「500」は文字としての読みは「ごぜろぜろ」なので、これを「ごひゃく」として読むのは少し難しいことです。漢字での表記は読みやすいが計算しにくく、数字での表記は読みにくいが計算しやすいという違いがあります。

漢字から数字に置き換える問題は、数を表す音を、位取り記数法に沿って数字に書きだすという問題なのです。

［プリント A2-2-P3］
P1と同様にお金をイメージし、大きな数に取り組みます。

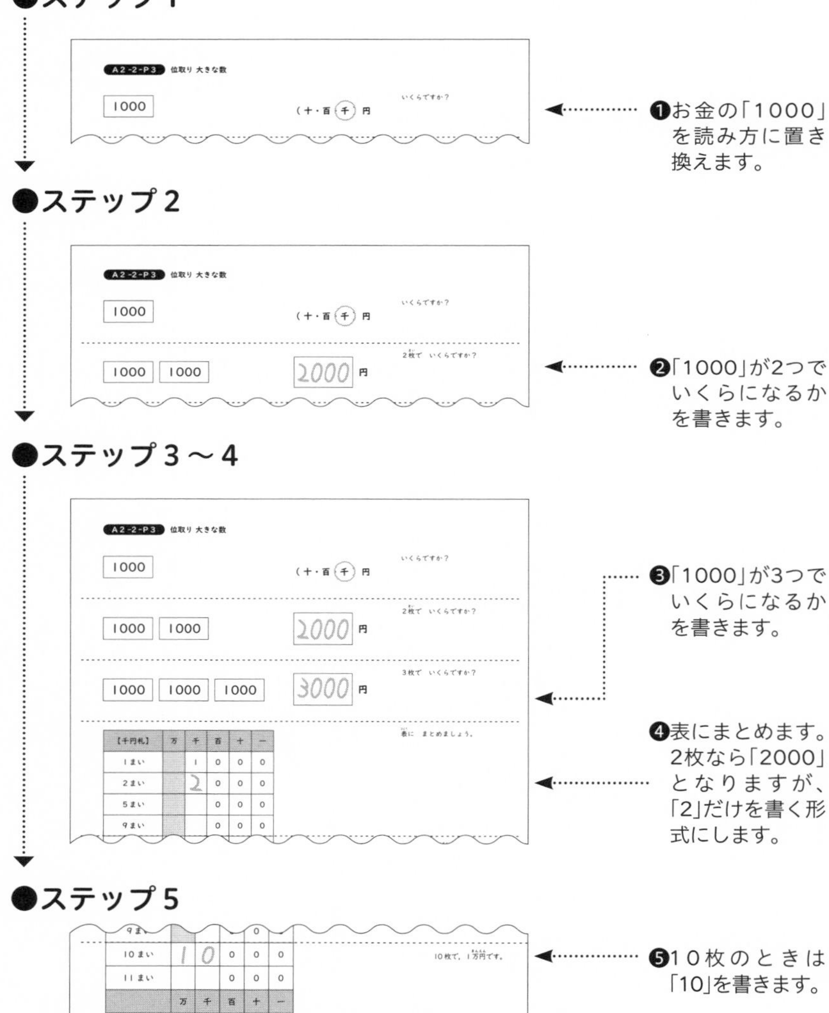

●ステップ６

まとめ

1000を　10こ　集めた　数は　□

1000を　11こ　集めた　数は　□

最後に文字だけで表したまとめに取り組みます。

　大きな数になると、０の数を即時に把握できなくなります。例えば、10であれば０が１つ、1000であっても０が３つと瞬時にわかります。サビタイジング（ぱっと見て数を把握する）の範囲なのです。

　しかし、100000では何桁あるのか数えないとわからなくなります。大きな数を扱うときは、桁がいくつあるかを認識することも課題となり、大きな数でくり上がることに難しさが加わるのです。

このような位取りに関する問題は、1000を「せん」と読むような「読み」の問題とは異なり、1583のような数の構造そのものを理解することを子どもに要求します。これができないと計算ができないというわけではありません。しかし、数を位取り記数法に沿って分解できることは、後々の学習にとって大切なものになっていきます。すぐにできなくても当面は差し障りないかもしれませんが、けっして軽視しないようにします。

A2-3

学習内容

数の大小の判断

3桁の数の大小

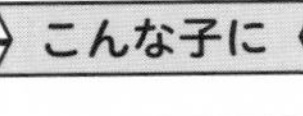

大きな数字があるほうに引きずられて大小判断ができない

こんな支援を

手続き的に大小判断をする

WMに関する困難

言語領域

・解決の手順を手続きで覚えにくい。

・問題を解きながら同時に手順を言われると、わからなくなる。

視空間領域

・桁の位置を比較しにくい。

数量処理

数の表す量がわかりにくい。

弱さに配慮し強さを生かした支援

●短所補償

・量を把握しにくいので、量で判断するのではなく、手続きに置き換えて解決できるようにします。

●長所活用

・手順ややり方を言葉に置き換えて解決します。

スモールステップ

・このプリントでは、不等号記号の使い方をわかっていることが前提条件になります。P1では、不等号記号の意味を学習しながら進めていきますが、子どもが理解しにくい場合は110ページのプリントを行いましょう。
・数量処理が伴う問題ですが、手順に沿って手続き的に解決する問題でもあります。私たちが普段同時に行っている処理を分けて、１つずつ取り組めるようにします。

［プリント A2-3-P1］
P1、P2ともに、３桁の数の大小の判断に取り組みます。

●ステップ1-2

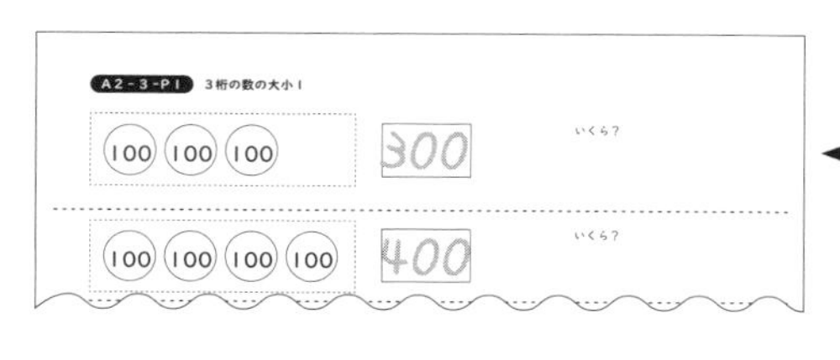

❶❷お金がいくらなのかを書きます。「100が3つで300」など、数が表す数量をお金の個数で認識しやすくします。

●ステップ3

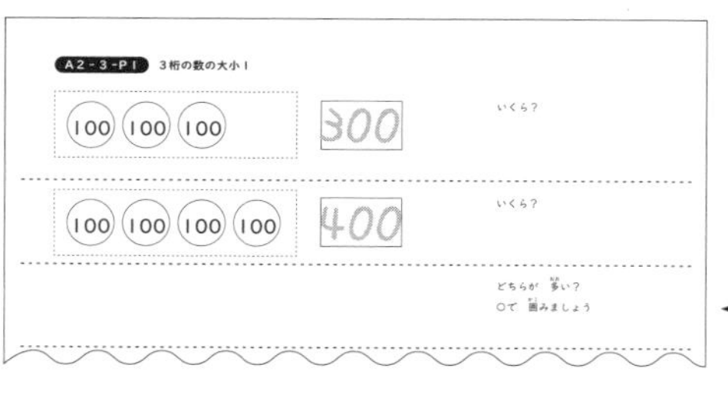

❸大きな数(どちらが多い)を選びます。数字に○をしても、お金に○をしても構いません。

●ステップ4

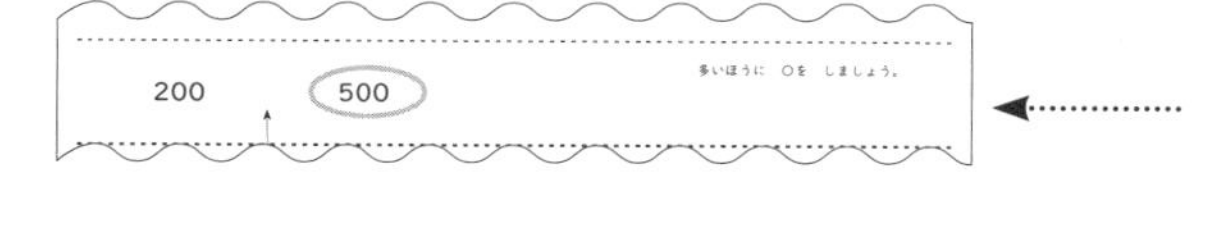

❹大きな数(どちらが多い)に○をします。

●ステップ5

●ステップ6〜7

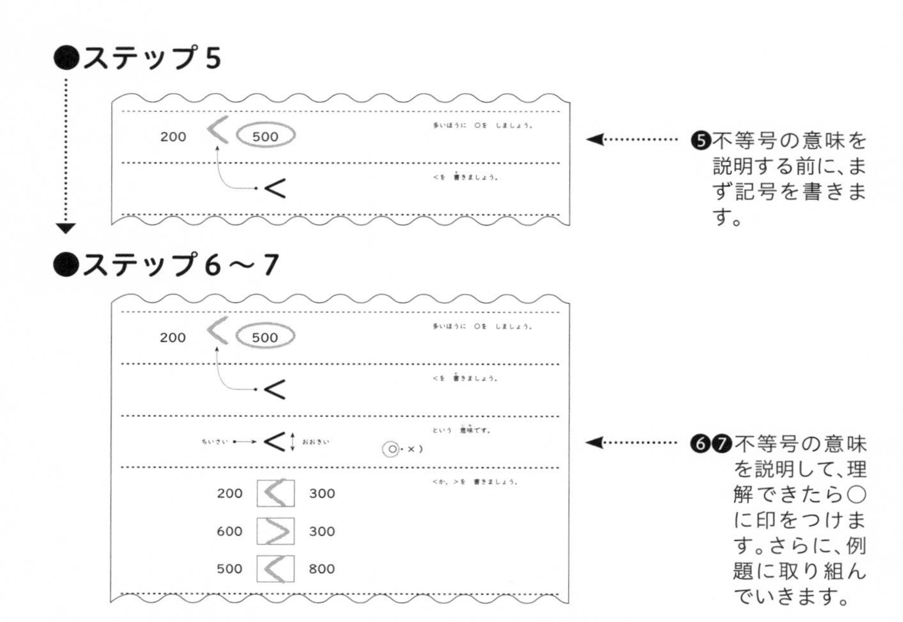

❺不等号の意味を説明する前に、まず記号を書きます。

❻❼不等号の意味を説明して、理解できたら○に印をつけます。さらに、例題に取り組んでいきます。

ここでは不等号の意味そのものの説明は簡単に済ませています。しかし、不等号が表す「小さい・大きい」は、そもそも数量的な表現です。理解しにくい子どもでは、エピソードを用いて説明します(P110)。

［プリントA2-3-P2］

●ステップ1

●ステップ2

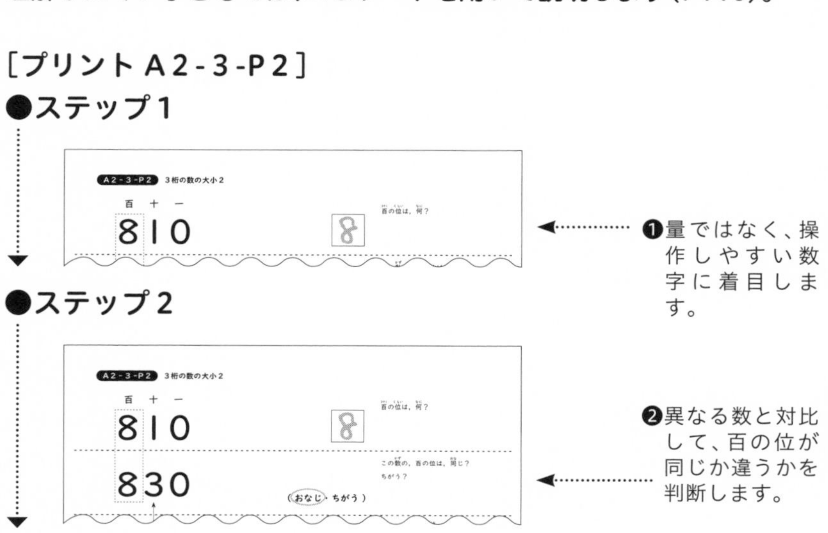

❶量ではなく、操作しやすい数字に着目します。

❷異なる数と対比して、百の位が同じか違うかを判断します。

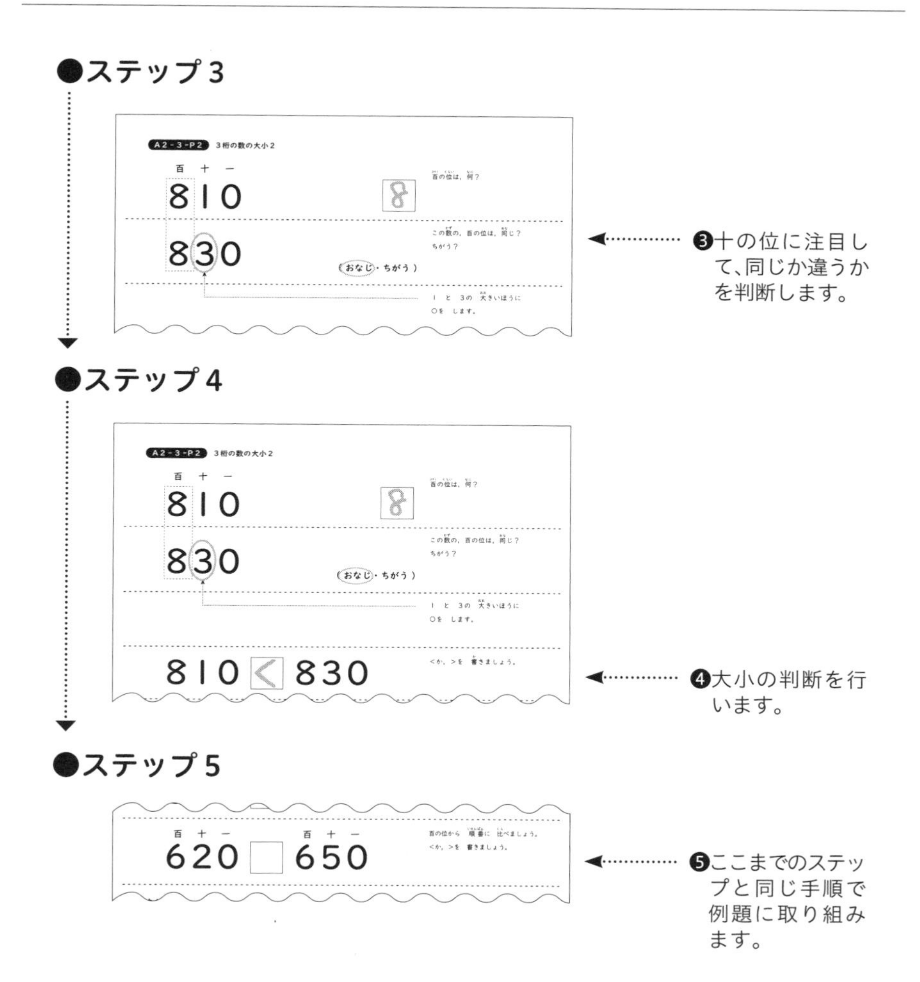

大きな数の大小の判断では、一定の手順に沿って行う手続きが含まれています。これは、数量処理というよりも手続き的に理解する側面も強いものです。スモールステップで手順を学習し、子どもが自分で実行できるようにしていきます。

学習内容

大きな数を表す言葉

大きな数 数える練習

こんな子に

50まで数えてみましょう。

……45、48、49……

数をとばしてしまう

こんな支援を

音と音の間に、音をはさむ練習をする

WMに関する困難

言語領域

・数の音を覚えにくい。
・さっき言ったばかりの数の音を忘れる。

この課題に苦手さを示す子どもは多くありませんが、できない子どもは繰り返しの練習では定着しません。どうしても学習が難しい子どもだけに実施します。

弱さに配慮し強さを生かした支援

●短所補償

・頭の中で音を操作することが苦手なので、プリントアウトして目で確認できるようにします。

●長所活用

・練習の中で数以外の知っている言葉を使います。

スモールステップ

・言語的短期記憶や言語性ワーキングメモリに著しく弱さがある子どもでは、大きな数を言葉で表すことに困難を示す場合があります。
・「1、2、3……」や「10、20、30……」のような系列的な数の音を練習して、その音と音の間に「さんじゅう」や「ひゃく」など、数を表す音をはさんでいく練習をします。
・まずは、数の音と音の間の時間を長くしたり、数の音と音の間に数ではない単語の音をはさむような、より簡単な練習を行います。

［プリントA2-4-P1］
P1では、20から90までの練習を行います。

●ステップ1～4

このプリントは折らずに使用します。

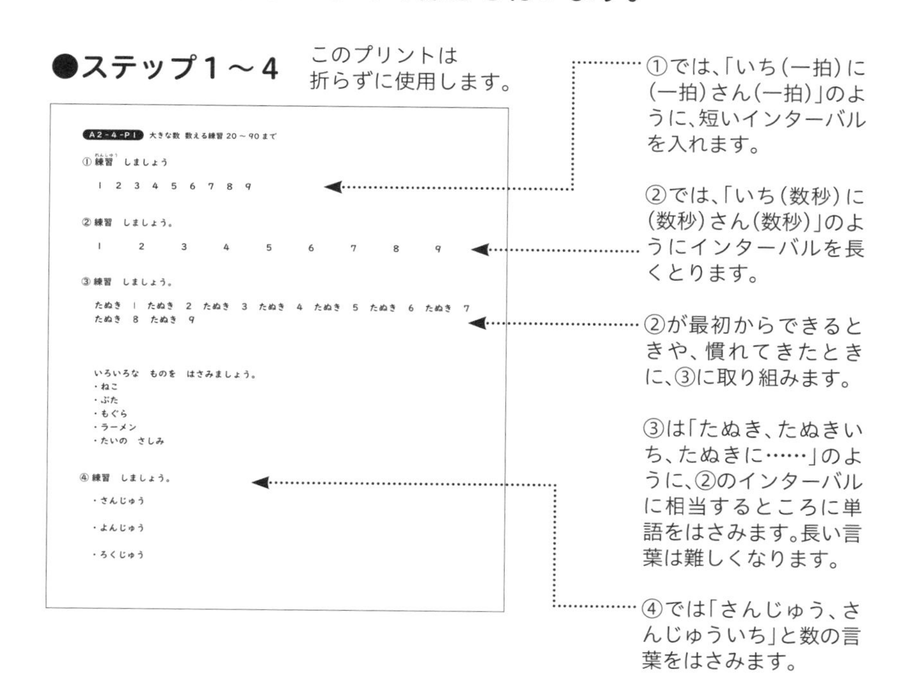
A2-4-P1　大きな数 数える練習 20～90まで

① 練習(れんしゅう)　しましょう

1 2 3 4 5 6 7 8 9

② 練習　しましょう。

1　2　3　4　5　6　7　8　9

③ 練習　しましょう。

たぬき 1 たぬき 2 たぬき 3 たぬき 4 たぬき 5 たぬき 6 たぬき 7
たぬき 8 たぬき 9

いろいろな　ものを　はさみましょう。
・ねこ
・ぶた
・もぐら
・ラーメン
・たいの　さしみ

④ 練習　しましょう。

・さんじゅう
・よんじゅう
・ろくじゅう

①では、「いち(一拍)に(一拍)さん(一拍)」のように、短いインターバルを入れます。

②では、「いち(数秒)に(数秒)さん(数秒)」のようにインターバルを長くとります。

②が最初からできるときや、慣れてきたときに、③に取り組みます。

③は「たぬき、たぬきいち、たぬきに……」のように、②のインターバルに相当するところに単語をはさみます。長い言葉は難しくなります。

④では「さんじゅう、さんじゅういち」と数の言葉をはさみます。

［プリント A2-4-P2］

P2では、100までの練習を行います。P1では、1ずつ増える数を唱え上げる練習でしたが、10ずつ増える数を学習します。

●ステップ1～4

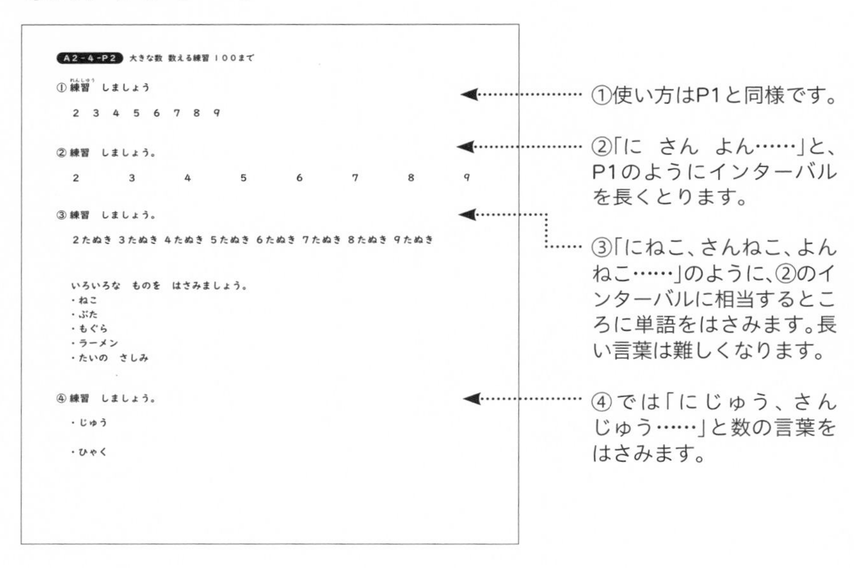
A2-4-P2 大きな数 数える練習 100まで

① 練習 しましょう

2 3 4 5 6 7 8 9

② 練習 しましょう。

2 3 4 5 6 7 8 9

③ 練習 しましょう。

2たぬき 3たぬき 4たぬき 5たぬき 6たぬき 7たぬき 8たぬき 9たぬき

いろいろな ものを はさみましょう。
・ねこ
・ぶた
・もぐら
・ラーメン
・たいの さしみ

④ 練習 しましょう。

・じゅう

・ひゃく

［プリント A2-4-P3］

P3では、100～200までの練習を行います。100から10ずつ増える数の唱え上げの練習をします。学習の進め方は、P2と同様です。

［プリント A2-4-P4］

P4では、一十百千の練習を行います。大きな数を「5億4千200万」などと読むときは、「1万、10万……」といった一十百千の系列を、万・億の間に繰り返していく必要があります。

●ステップ1～5

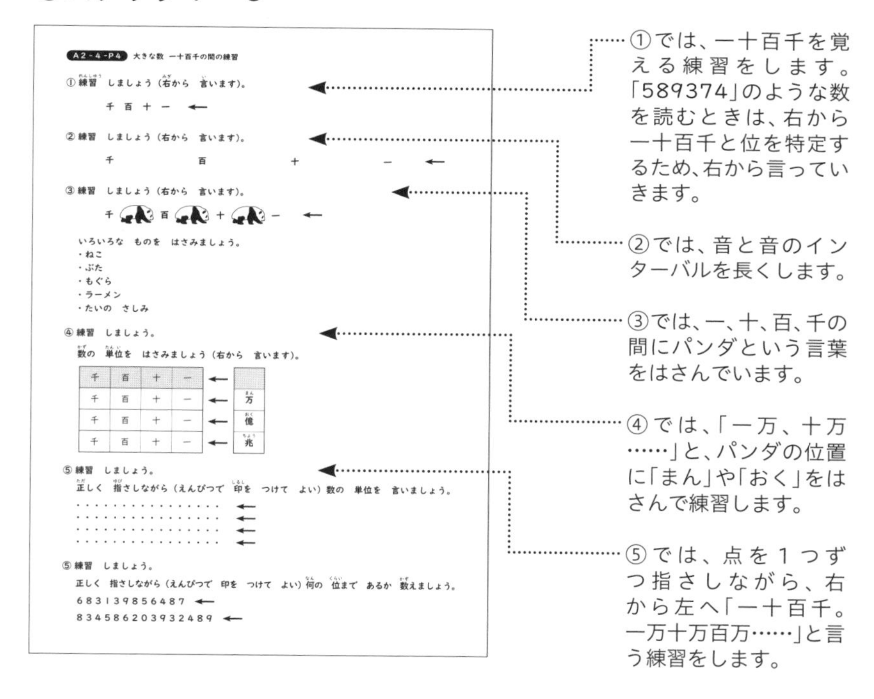
A2-4-P4　大きな数　一十百千の間の練習

① 練習　しましょう（右から　言います）。

千　百　十　一　←

② 練習　しましょう（右から　言います）。

千　　　　百　　　　十　　　　一　←

③ 練習　しましょう（右から　言います）。

千 🐼 百 🐼 十 🐼 一　←

いろいろな　ものを　はさみましょう。
・ねこ
・ぶた
・もぐら
・ラーメン
・たいの　さしみ

④ 練習　しましょう。

数の　単位を　はさみましょう（右から　言います）。

千	百	十	一	←	
千	百	十	一	←	万
千	百	十	一	←	億
千	百	十	一	←	兆

⑤ 練習　しましょう。

正しく　指さしながら（えんぴつで　印を　つけて　よい）数の　単位を　言いましょう。

・・・・・・・・・・・・・・・・・　←
・・・・・・・・・・・・・・・・・　←
・・・・・・・・・・・・・・・・・　←
・・・・・・・・・・・・・・・・・　←

⑤ 練習　しましょう。

正しく　指さしながら（えんぴつで　印を　つけて　よい）何の　位まで　あるか　数えましょう。

68313985648７ ←

834586203932489 ←

①では、一十百千を覚える練習をします。「589374」のような数を読むときは、右から一十百千と位を特定するため、右から言っていきます。

②では、音と音のインターバルを長くします。

③では、一、十、百、千の間にパンダという言葉をはさんでいます。

④では、「一万、十万……」と、パンダの位置に「まん」や「おく」をはさんで練習します。

⑤では、点を１つずつ指さしながら、右から左へ「一十百千。一万十万百万……」と言う練習をします。

これらの学習支援を必要とする子どもは多くありませんが、できない子どもはいます。しかし、その支援方法はほとんど提示されていません。そのため、ここではその支援方法を説明しました。できている子どもや、繰り返し練習すればできる子どもには行う必要はありません。

学習内容

5を基盤にして数を分解

5から数え上げ

こんな子に

数の分解が難しい

こんな支援を

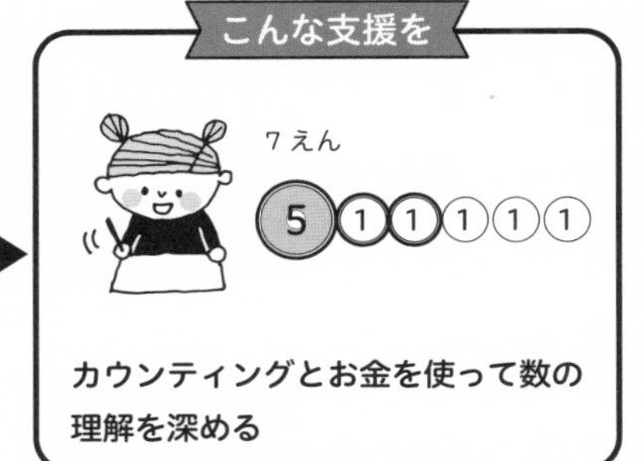

カウンティングとお金を使って数の理解を深める

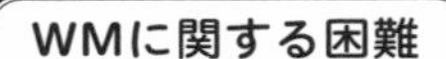

言語領域

・言葉を途中から切り出したり、思い出すことが苦手で、「5、6、7」のような、5からの途中数え上げが難しい。

視空間領域

・数字からイメージを思い浮かべることが難しい。

数量処理

数を分解しにくい。

弱さに配慮し強さを生かした支援

●短所補償

・10のような大きな数を扱いにくい場合は、5を基にした数の分解を学習します。

●長所活用

・すでに習得している知識を使って、数についてイメージする力を支えます。
・すごろくなどの遊びの中で、楽しく学習します。

スモールステップ

・このプリントは、「1、2、3……」と、1からすべて数え上げて個数を数える子どもに、そろそろ「5、6、7……」と、5から途中数え上げをしてほしいと思ったときに使用します。
・最初は数えることから始めます。その後、数えた数がいくつあるかを書いたり、すごろくを通して途中数え上げの練習をしたりして、5を基盤とした数の理解を深めていきます。

［プリントA3-1-P1］

P1は、5からのカウンティングで10までの数に到達するものです。また、そのとき1円が何枚あるのか、あらためて認識する目的があります。

●ステップ1 ……▶ ●ステップ2

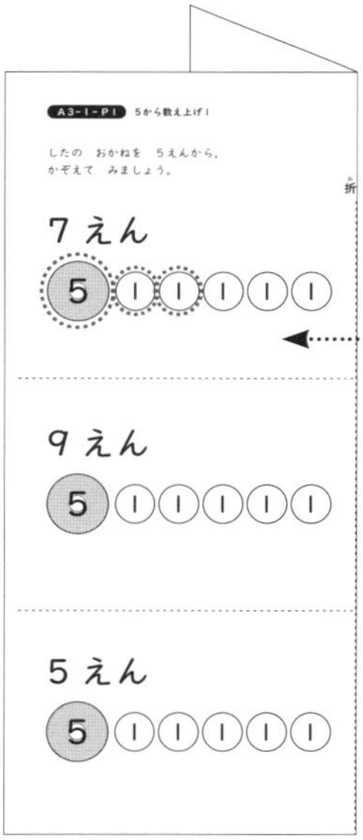

A3-1-P1　5から数え上げ1

したの　おかねを　5えんから、かぞえて　みましょう。

7えん
5 1 1 1 1 1

9えん
5 1 1 1 1 1

5えん
5 1 1 1 1 1

❶紙を折って問題だけ見えるようにします。何円か確認して、5から「5、6、7」と数え上げて○をします。

○を書き込んだら、紙を開いてあっているかどうか確認します（ステップ2）。

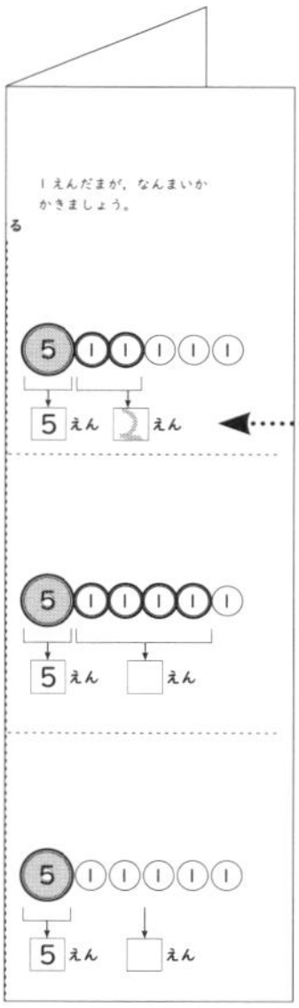

1えんだまが、なんまいかかきましょう。

5えん　2えん

5えん　えん

5えん　えん

❷1円玉が何枚あるかを書きます。

子どもに応じて1問ずつ行っても、ステップ1の3問を終えてからステップ2に進んでも構いません。

［プリント A3-1-P3］
P3は、P1で学習した内容をシンボルで理解するものです。

●ステップ1 ……→ ●ステップ2

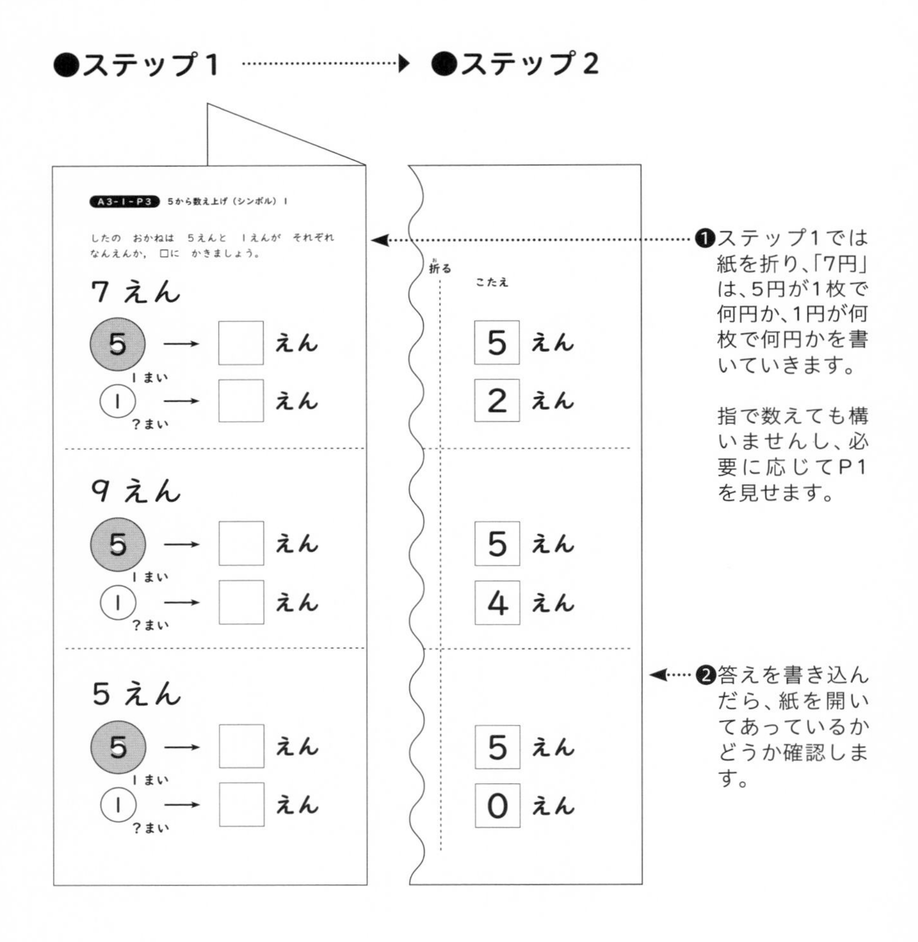

［プリント A3-1-P5］

P3は、5から数え上げる練習をするための「サイコロ5といくつ」です。印刷して切りとって作ってください（立方体のブロックを使って作ることもできます）。

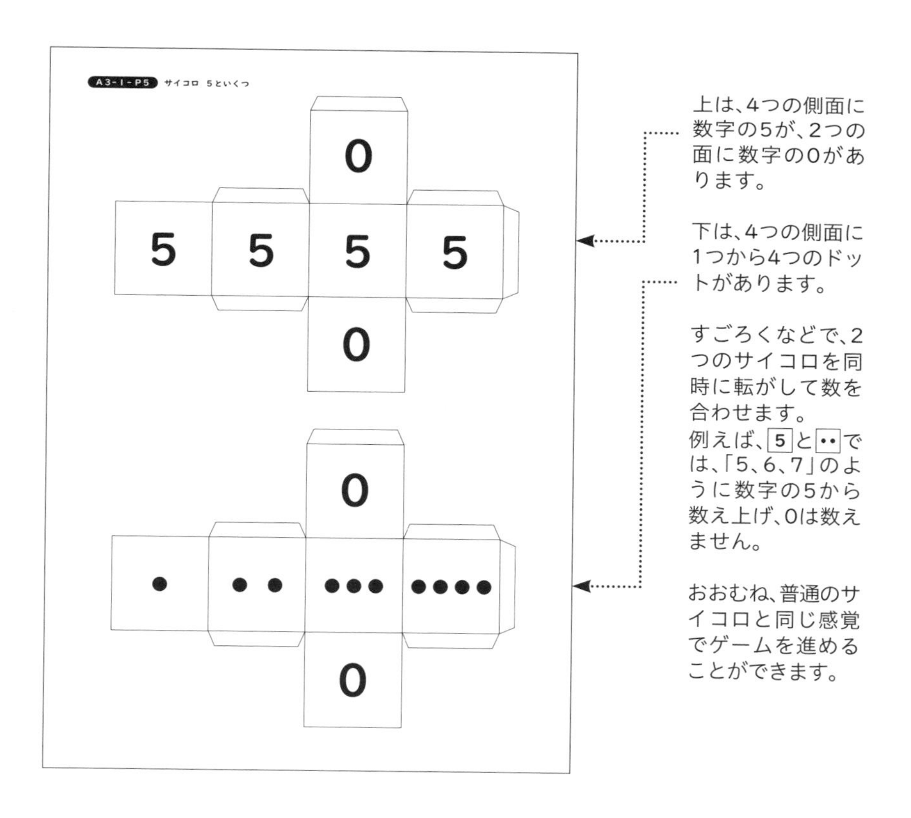

10を分解することよりも、5といくつでどんな数になるかを学習することのほうが、基となる数が少なく比較的簡単です。また、こうした数を分解する力は、後々計算をする際に、さまざまな方略を用いるための基礎になります。数を分解する力を支えるために、5を基盤とした数の理解を学習するとよいでしょう。

学習内容

数の分解の理解

数の分解

こんな子に

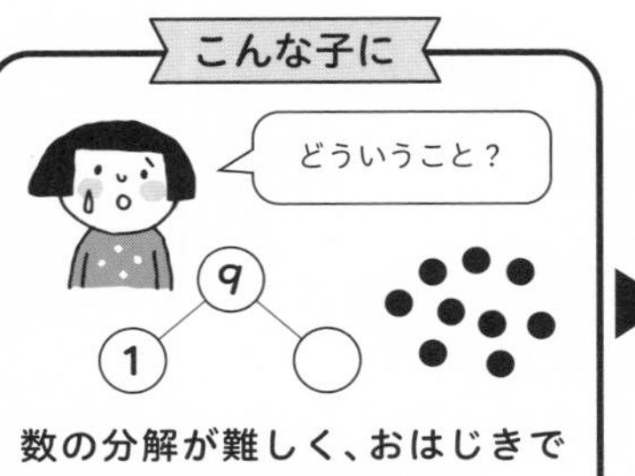

数の分解が難しく、おはじきで練習しても数えているだけ

こんな支援を

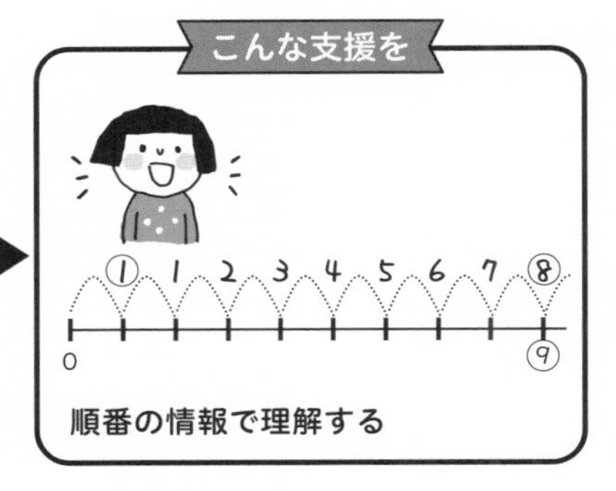

順番の情報で理解する

WMに関する困難

言語領域

・別の処理を始めると、さっき数えていた数を忘れる。

視空間領域

・ドットの位置を覚えにくく、ダブルカウントしたり数えとばしたりする。

数量処理

・数が表す量がわかりにくい。
・4以上の数の量を把握しにくい。

弱さに配慮し強さを生かした支援

●短所補償

・二次元的に位置を覚えにくいので、一方向に変化する情報で学習します。
・数の分解が苦手なため、加算を使います。

●長所活用

・数直線のカウンティングなど、順番の情報を使って学習します。

スモールステップ

・このプリントの目的は、数の分解の意味を理解しにくい子どもが、さくらんぼ計算の図の意味を理解することです。このプリントに取り組んでも、必ずしも数が表す量を把握できるようになるわけではありません。
・数直線を使い、順番の情報によって加算的に数を分解します。
・例題に取り組み、やり方を身につけ、問題に取り組めるようにします。

［プリント A3-2-P1］
P1では、数直線を使って数の分解に取り組みます。

●ステップ1

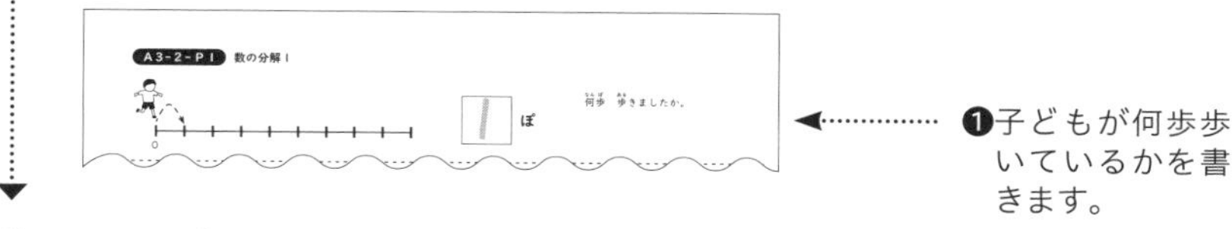

❶子どもが何歩歩いているかを書きます。

●ステップ2

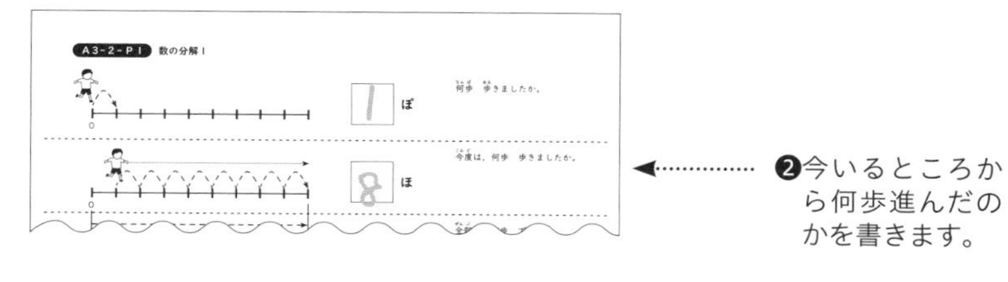

❷今いるところから何歩進んだのかを書きます。

●ステップ3

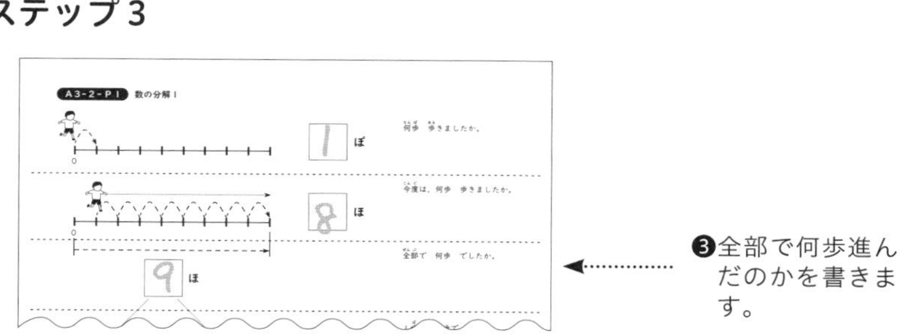

❸全部で何歩進んだのかを書きます。

●ステップ4

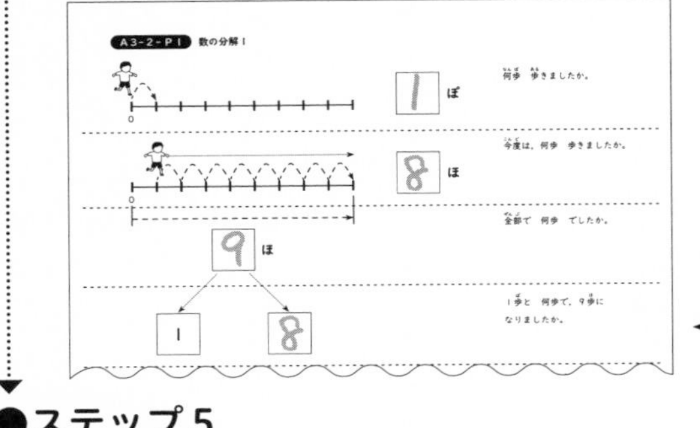

❹1歩と8歩で、9歩になることを、数の分解の形で書きます。

●ステップ5

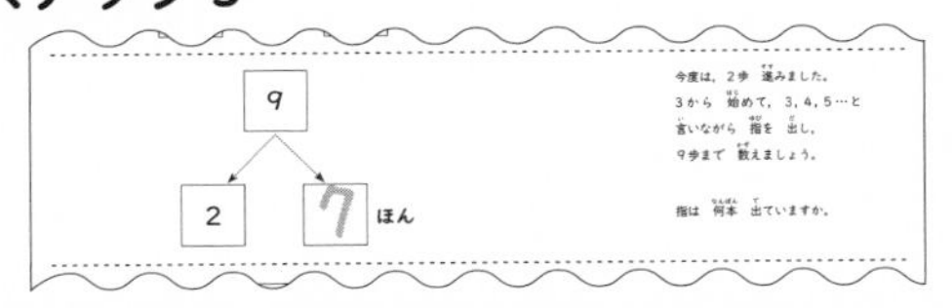

❺さらに、指で同じことをするステップで他の場面でも使えるようにします。

数の分解は、数量処理が必要な課題です。おはじきで分けても、何をしているのかわからない様子の子どももいます。言われるがままに9個数え、1個数え、8個数え、カウンティングを3回繰り返しているだけなのです。

そのようなとき、1つの方向に数え上げていくと理解しやすいことがあります。「量」を把握するというよりは、「順序」や「手順」を理解の支えにするのです。

［プリントA3-2-P2］

P2では、2桁の数の分解の序数的なやり方を示しています。

●ステップ1

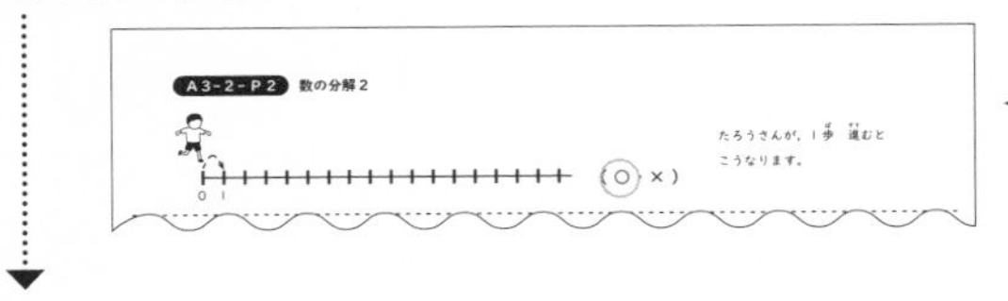

❶起点を1と数えてしまう子どものために、進んだところを1と確認します。理解できたら、○に印をつけます。

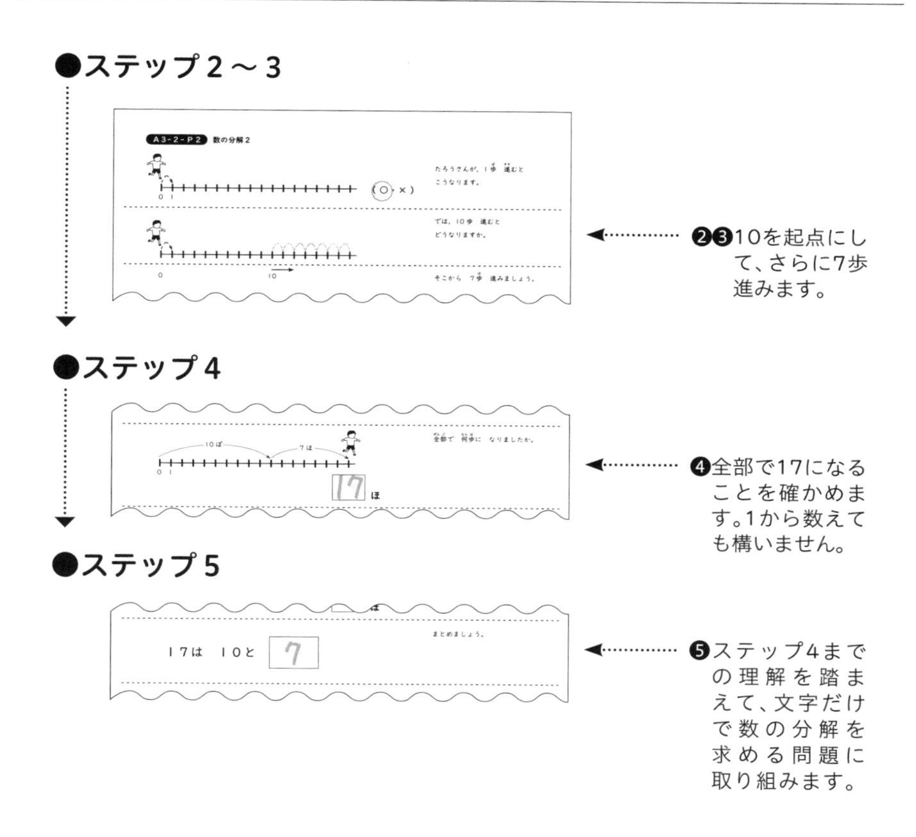

●ステップ2～3

❷❸10を起点にして、さらに7歩進みます。

●ステップ4

❹全部で17になることを確かめます。1から数えても構いません。

●ステップ5

❺ステップ4までの理解を踏まえて、文字だけで数の分解を求める問題に取り組みます。

一般的に、数の分解ができることで効率的な計算につながります。そのため、算数の学習では数の分解の練習が求められます。いわば、計算のための手段としての分解です。ところが、数量処理に弱さのある子どもでは、なかなか数の分解が自動化されず、数の分解の練習が手段としてではなく、それ自体が達成すべき目的になってしまいます。数を分解しているという認識ももちにくく、言われるまま数えているだけに見えることもあります。ここで紹介したプリントは、問題が意味することを理解するための学習です。

A3-3

学習内容

数の合成・分解を文で理解

助詞と数の合成・分解

こんな子に

文だけで表現された数の分解が難しい

こんな支援を

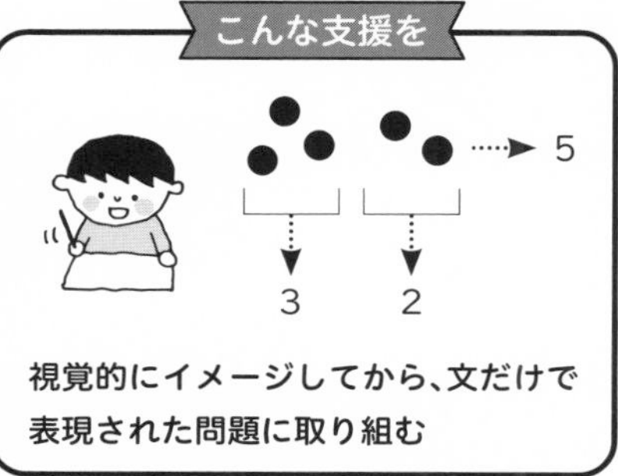

視覚的にイメージしてから、文だけで表現された問題に取り組む

WMに関する困難

言語領域

・文が表す意味について、さまざまな可能性を考えたり、別の考えに切り替えることが難しい。

視空間領域

・文に対応したドットの組み合わせを視覚的に思い浮かべにくい。

数量処理

数を分解したり合成したりすることが難しい。

弱さに配慮し強さを生かした支援

●短所補償

・いろいろな条件を同時に考えて比較することに苦手さがあるので、条件の一つずつを理解し、あとで比較するようにステップを分けます。
・文からイメージしにくいので、先にイメージを理解して、それを文に当てはめます。

●長所活用

・1つずつ集中すると理解しやすい力を生かして、カウンティング、条件の比較をそれぞれ異なるステップで取り組みます。

スモールステップ

- 私たちは複雑な問題に取り組むとき、無意識に情報処理を同時進行させていますが、このプリントでは、カウンティングすること、全体の数を分解すること、情報を比較することを、各情報の処理ごとにステップに分けて取り組みます。
- 文を先に読むと誤ったイメージをもちやすいので、このような問題ではイメージを先に提示してから、そこに適切な文を当てはめるようにします。

[プリントA3-3-P1]
数の合成・分解を表す文（全部でいくつなど）を理解します。

●ステップ1

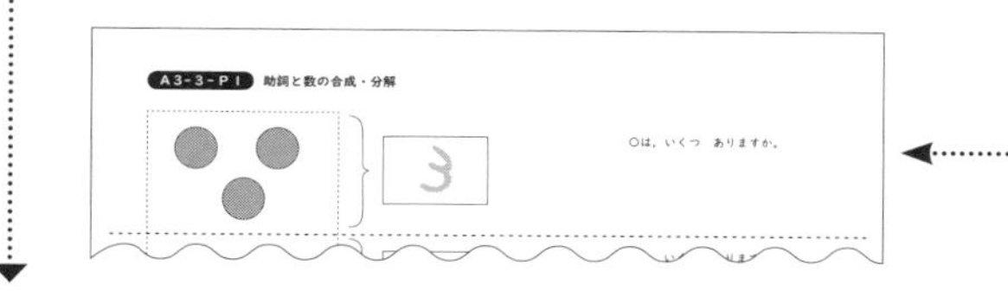

❶ドットをカウンティングして数を書きます。

●ステップ2

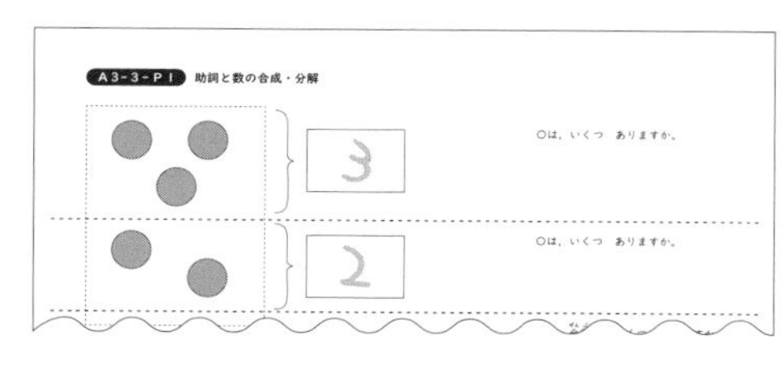

❷新しいドットがいくつあるかを書きます。

●ステップ3

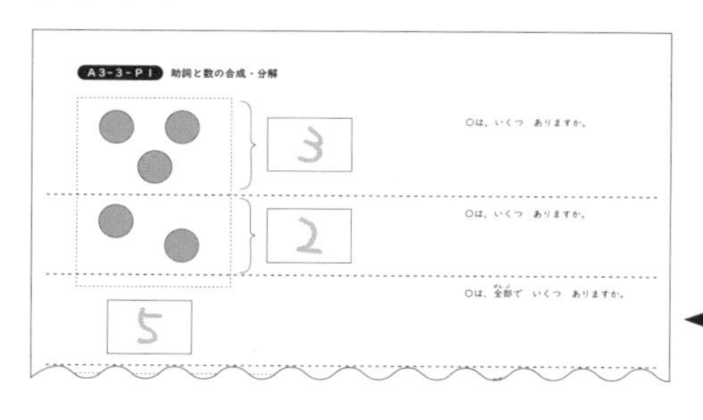

❸全部のドットの数を書きます。

●ステップ4

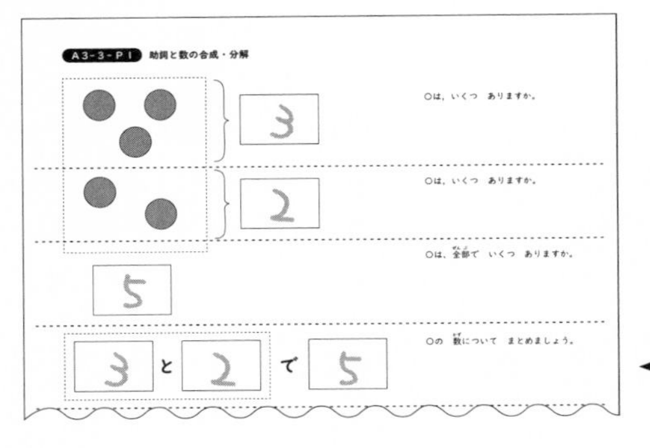

❹ステップ1～3の流れを文に置き換えると、このように表されることが理解できるよう、言葉かけをします。

●ステップ5

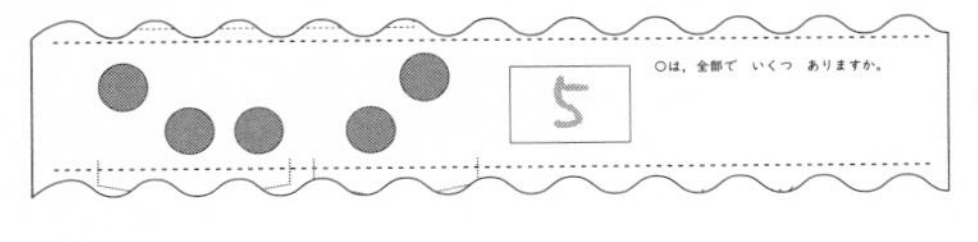

❺ここから別の種類の問題に取り組んでいきます。まず、ドットの数を数えます。

●ステップ6

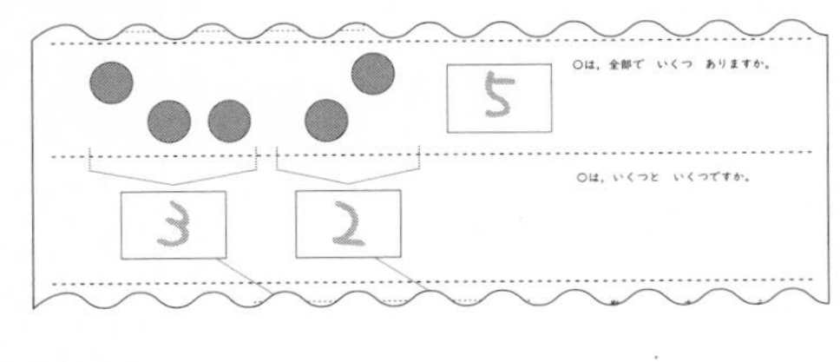

❻それぞれのドットがいくつといくつかを書きます。

●ステップ7

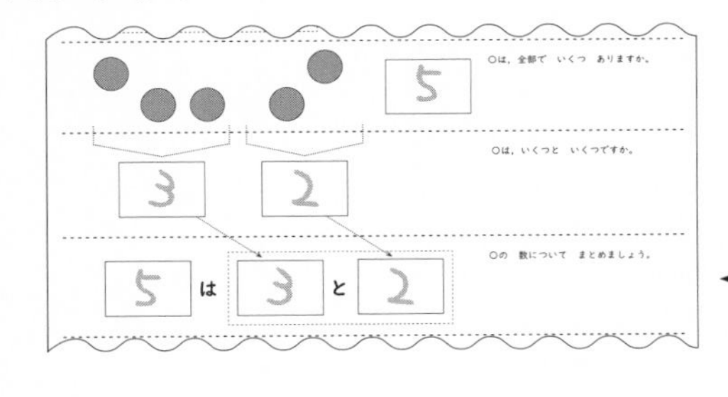

❼ステップ5～6の流れを文に置き換えると、このように表されることが理解できるよう、言葉かけをします。

●ステップ8

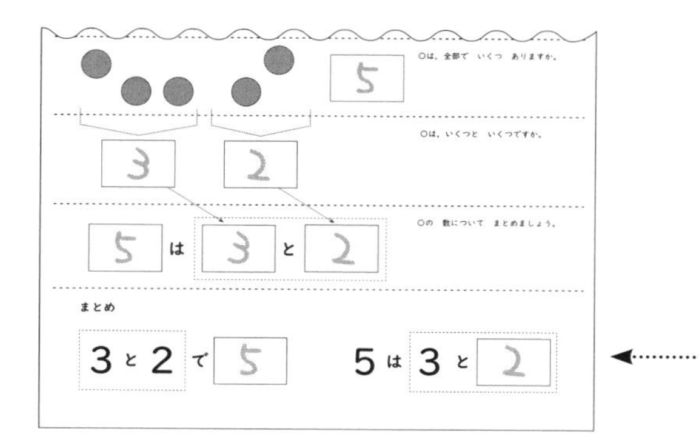

このプリントで示された2つの問題（ステップ1～4とステップ5～7）の違いをあらためて対比できるように、同時に取り組んでいきます。

「～と～で、～」や「～は、～と～」のように、助詞の情報だけを基に判断する問題において、その問題を出発点にして理解しようとすることはとても難しいことです。

その問題が表す状況を具体的に理解したあとに、ターゲットになる問題に取り組むと、子どもも理解しやすくなります。

助詞だけで表現された問題は、子どもが理解するための手がかりが少なく、難しいものです。このような問題に子どもが円滑に取り組むためには、文法理解とともに数量処理ができる必要があるでしょう。「3と2で5」になると言われたときと、「5と2で3」になると言われたときでは、私たちは後者のほうに数としての違和感を強く感じます。「5と2で3」に違和感を覚えたとき、「2と5で3」なら大丈夫なのか、「2と3で5」なら大丈夫なのか、ワーキングメモリに思い浮かべて比較する必要もあるでしょう。つまり、このような問題はシンプルに見えますが、シンプルゆえに数量処理やワーキングメモリなど、さまざまな認知機能の働きが求められると考えられます。複雑な問題だけでなく、このようなシンプルな問題も、数量処理とワーキングメモリを支えるような支援が必要なのです。

A4-1

学習内容

数と数の位置関係

ナンバーライン

こんな子に

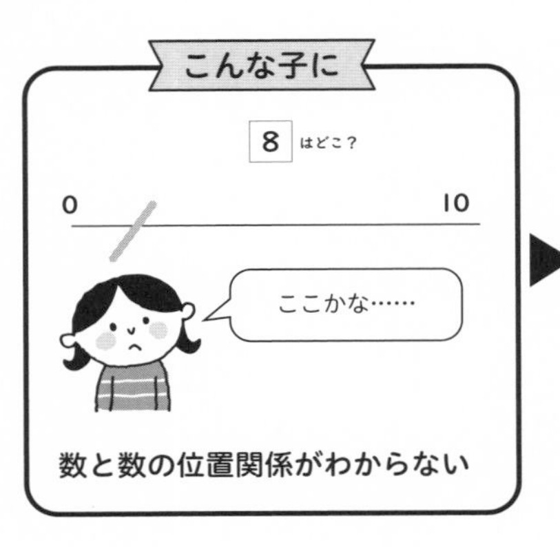

数と数の位置関係がわからない

こんな支援を

分離量から学習を始めます

WMに関する困難

視空間領域

・同じ大きさのブロックや量が、何個分入るのかイメージしにくい。

数量処理

・数の示す量がどの程度かわかりにくい。
・数と数の相対的な位置関係がわかりにくい。

弱さに配慮し強さを生かした支援

●短所補償

・数と数の位置関係がわかりにくいので、数字を用いて学習する。

●長所活用

・数直線に数字を割りふって、数の位置がわかるようにする。

スモールステップ

- ・ワーキングメモリの視空間領域や数量処理の働きが求められる課題です。
- ・最初は、数字が並べられたものから数の位置を理解します。
- ・徐々にヒントを減らしていき、最後には連続量としての表現のナンバーラインで、数の位置を特定する課題へと移行していきます。
- ・最初は右端が10のナンバーラインから始め、徐々に扱う数を大きくしていきます。

このプリントは練習問題を含めて計16枚あります。徐々にヒントを減らしながら取り組みます。

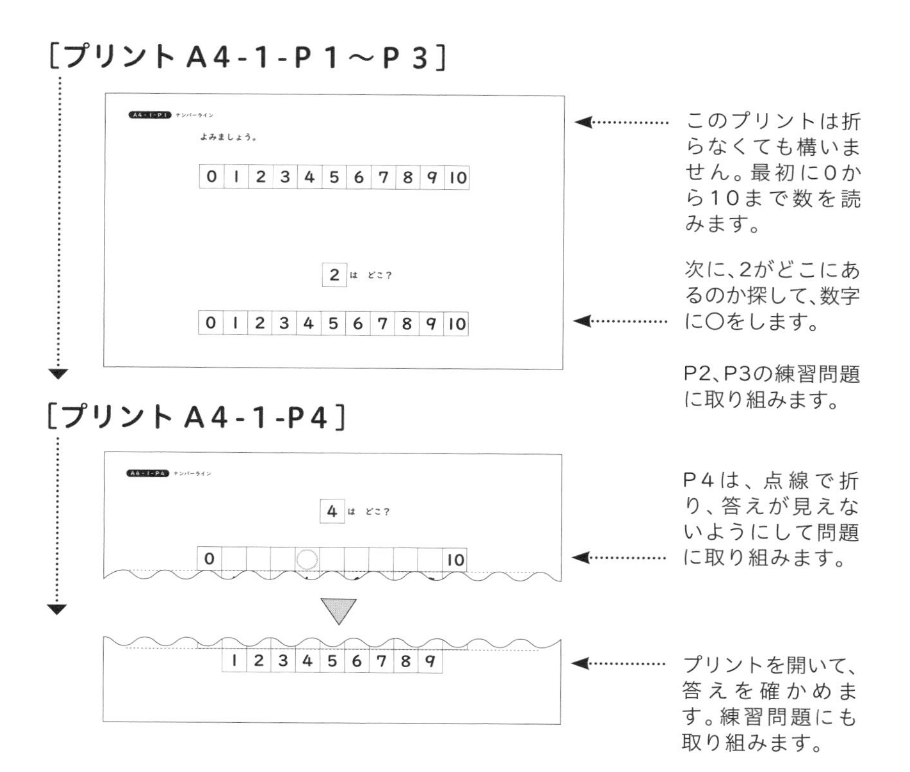

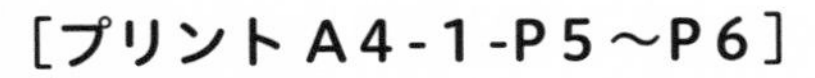

[プリント A4-1-P5～P6]

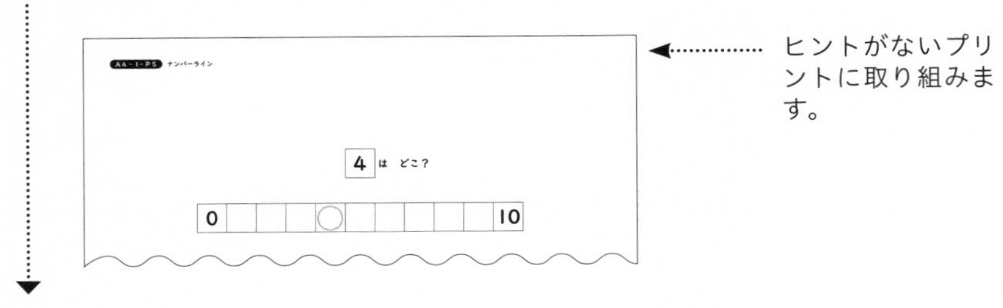

[プリント A4-1-P7～P11]

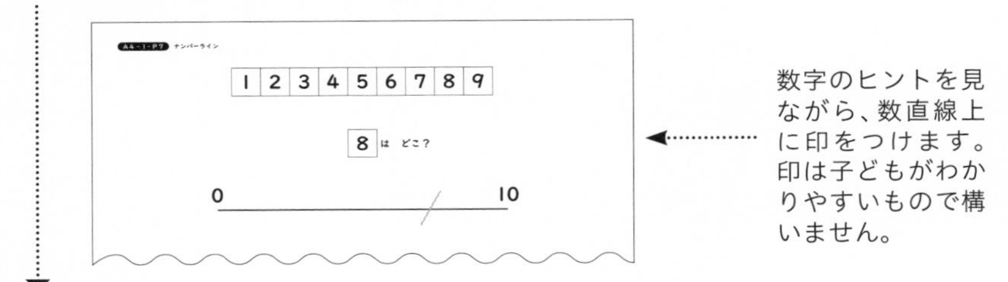

[プリント A4-1-P12～P16]

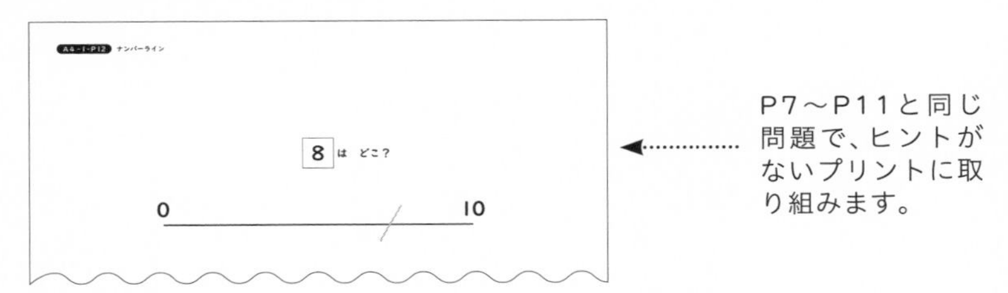

もっと難しいナンバーラインとして、0～100や、0～1000のものに取り組むこともできます。18や752といった数字をどこに位置づけるのか観察できます。

ナンバーラインとは数直線のことです。ここでは数量処理に関連する内容を扱っているため、算数の中の数直線の学習と区別するためにナンバーラインという用語を用いています。

欧米の研究では、ここで紹介したナンバーライン上の正しい位置に線を引く課題の得点と計算の力には、相関関係があることが報告されています。

また、数についてナンバーライン上の正しい位置に線を引くトレーニングをする研究もあり、現在ではインターネット上のゲームとしても利用できます。

ナンバーラインで正しい位置に線を引けることは、数と数の相対的関係を理解できていることを示しています。例えば、0～10のナンバーラインで、8を10の近くに置ける子どもは8と10が近いことがわかっているのです。これが難しい子どもでは、8の線を本来の5の辺りに引く場合もあります。また、そのときに0から点を書いていき、8の位置に線を引く子どももいるでしょう。

このような数と数の相対的関係が分かっていると、文章題を線分図で表すときや、面積の計算などでも役立ちます。しかし、このページで説明したようなナンバーラインの練習をすると算数の成績が向上するといった研究結果もありますが、異なる学習がモザイクのように組み合わさった算数の複雑さを思えば、効果は限定的と考えるほうが現実に即しているでしょう。

ただし、子どもによっては高い言語能力があるのにこのナンバーラインができない場合もあります。そして、学習すればできるようになることもあります。そうした経験が、子どもと支援者の次の学習に進むための知見を提供することから、ここではナンバーラインを練習するプリントを紹介しました。

A4-2

学習内容

数を読み取る

ものさし・巻き尺

こんな子に

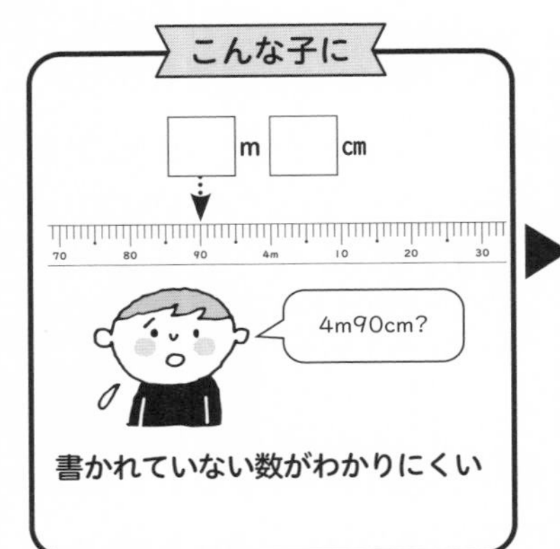

書かれていない数がわかりにくい

こんな支援を

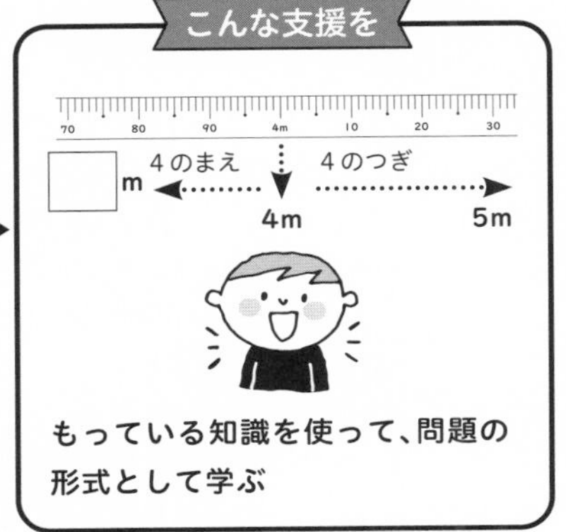

もっている知識を使って、問題の形式として学ぶ

WMに関する困難

言語領域

・問題を解決するための手順を言葉で覚えにくい。

視空間領域

・情報がない部分を補ってイメージすることが難しい。

数量処理

cmやmm、mやcmの量の関係性がわかりにくい。

弱さに配慮し強さを生かした支援

●短所補償

・量で理解することに弱さがあるので、順番の情報で理解する。
・口頭の指示を忘れやすいので、印刷された情報を1つずつ処理して理解していきます。

●長所活用

・数の順番の知識など、すでに習得している知識を使って問題を解決します。
・問題形式を知識として知り、問題を解決するための支えにします。

スモールステップ

・ものさしで数を読み取る手順を細かく分けて、1つずつ取り組みます。特に、書かれていない情報が何かを判断するステップも設けて取り組みます。
・ワーキングメモリの言語領域の負担を減らすため、プリントでは日常で用いられる「センチ」としています。正式にはセンチメートルと呼ぶことを、学習のプロセスのどこかで子どもと確認します。

［プリントA4-2-P1］
P1・P2では、ものさしで数を読み取る学習をします。

●ステップ1

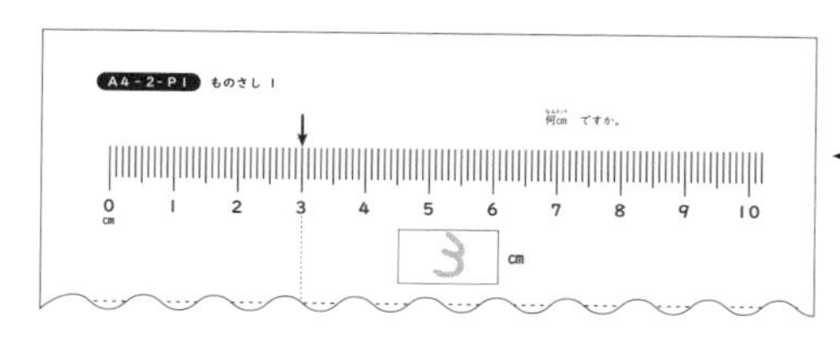

❶最初に何cmかを書きます。

●ステップ2

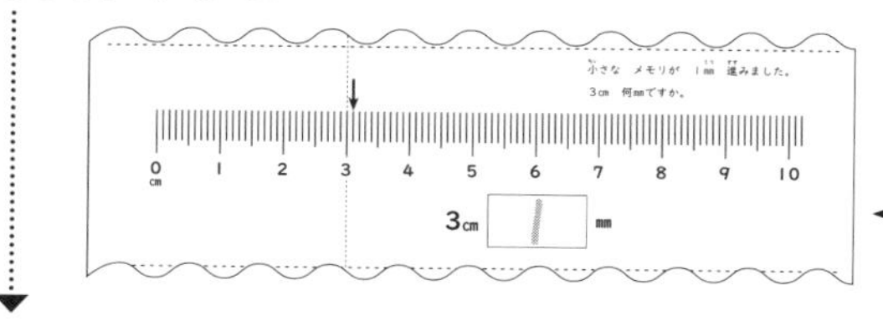

❷mmを数えるときは、1から始めます。

●ステップ3～4

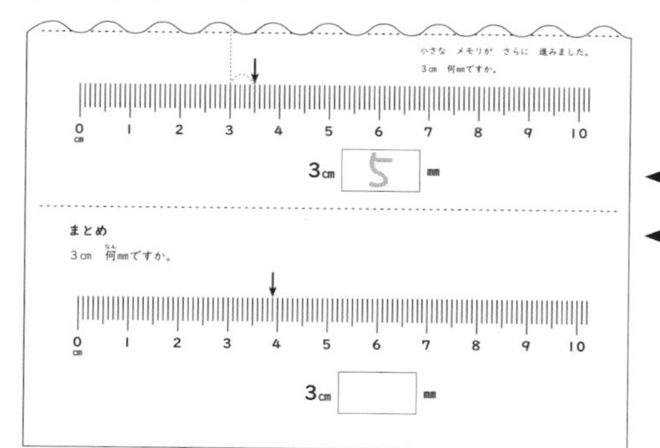

❸1mmからスタートし、2、3、4、とカウンティングし、5であることを確かめます。

❹最後にまとめに取り組みます。

［プリント A4-2-P2］

●ステップ3～4

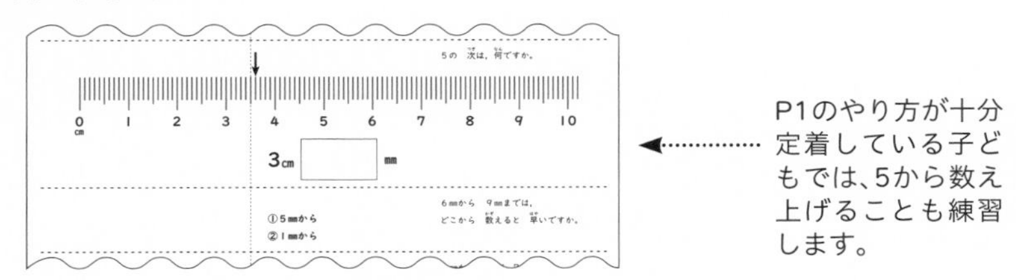

子どもによっては、cmとmmを読み取る課題よりも、例えば「3cm 2mmの線を引く」といった課題から始めるほうが簡単に理解できます。線を引く課題では白紙に起点だけを示して、そこから線を引くようにします。

［プリント A4-2-P3］

P3・P4では、巻き尺を見ながら数を読み取る学習をします。

●ステップ1～3

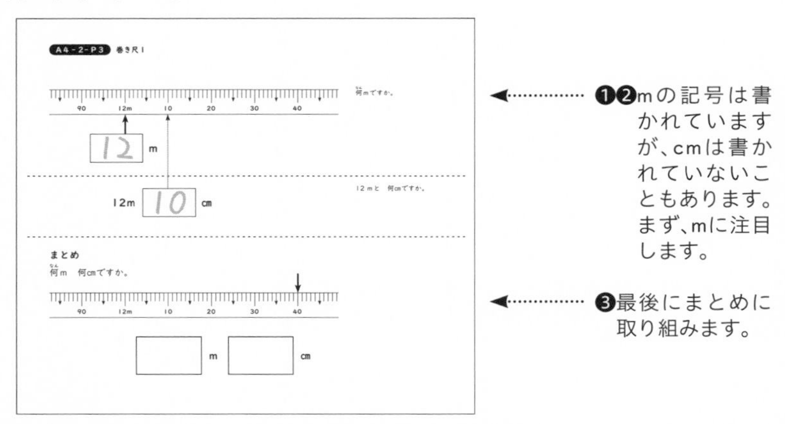

巻き尺の読み取り問題も、ものさしの問題と同じように支援できますが、巻き尺では次のP4で示すように、mが1つ前に戻る問題もあります。しかも、mが書かれていない場合もあるため、ヒントのあるスモールステップで丁寧に気づくようにしていきます。

［プリントA4-2-P4］

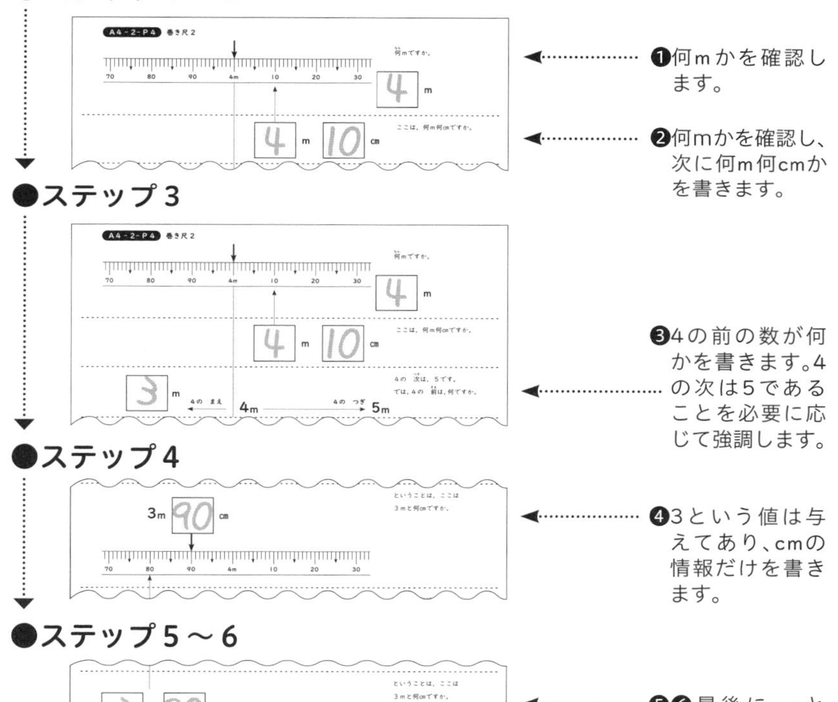

●ステップ1～2

❶何mかを確認します。

❷何mかを確認し、次に何m何cmかを書きます。

●ステップ3

❸4の前の数が何かを書きます。4の次は5であることを必要に応じて強調します。

●ステップ4

❹3という値は与えてあり、cmの情報だけを書きます。

●ステップ5～6

❺❻最後に、mとcmを両方書きます。また、まとめにも取り組みます。

ものさしや巻き尺の問題で、mの記号は書かれていても、cmの記号が書かれていない場合、子どもはいくつかの数値を比較してcmの数字であることを発見する必要があります。いくつかの条件を比較するにはワーキングメモリの働きが必要であり、ワーキングメモリや数量処理に弱さがある子どもでは、問題の形式を知識として教えるようにします。

学習内容

A4-3 単位の枠組みと数の判断

単位の変換

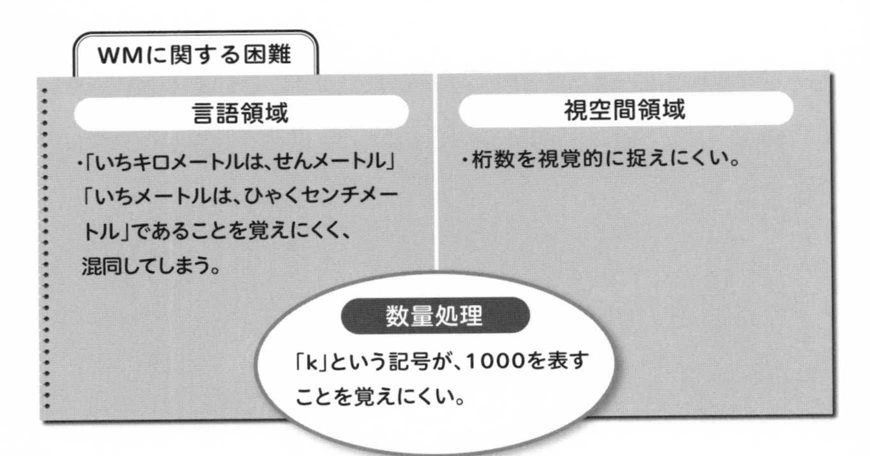

弱さに配慮し強さを生かした支援

●短所補償

・量や桁数をイメージしにくいので、単位の枠組みを知識として覚える。

●長所活用

・言語領域に強さがあるときは、「キロてんてんメートルてんてんミリ」のように言葉の情報を支えにする。

スモールステップ

・単位の問題では、つい「1kmは何m？」→「1000」、「では4kmは？」→「4000」、「そこに6mがあるから足すと？」→「4006」のようなやりとりを重ねがちです。しかし、これでは子どもは質問攻めとなり、言語領域の負担が大きくなります。1kmは1000mであることを覚えにくい子どもではなおさらです。
・そこで、先に「km・・m」のような枠組みを書いておいて、そこに数字を書くようにして、手続き的に解決するようにします。

P1では、kmとmとmm、P2では、tとkgとg、それぞれの枠組みを使用して単位の変換に取り組みます。

［プリントA4-3-P1］ このプリントは折らずに使用します。

5m6cm＝□cm

に取り組む場合

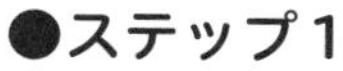

●ステップ1

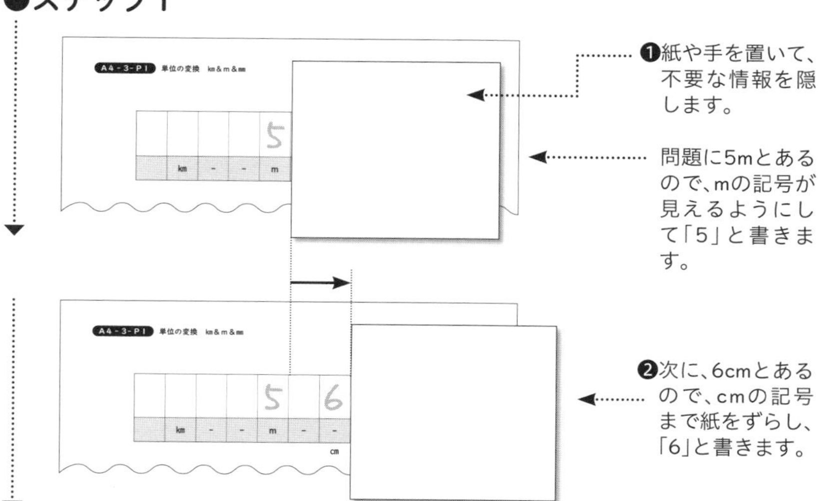

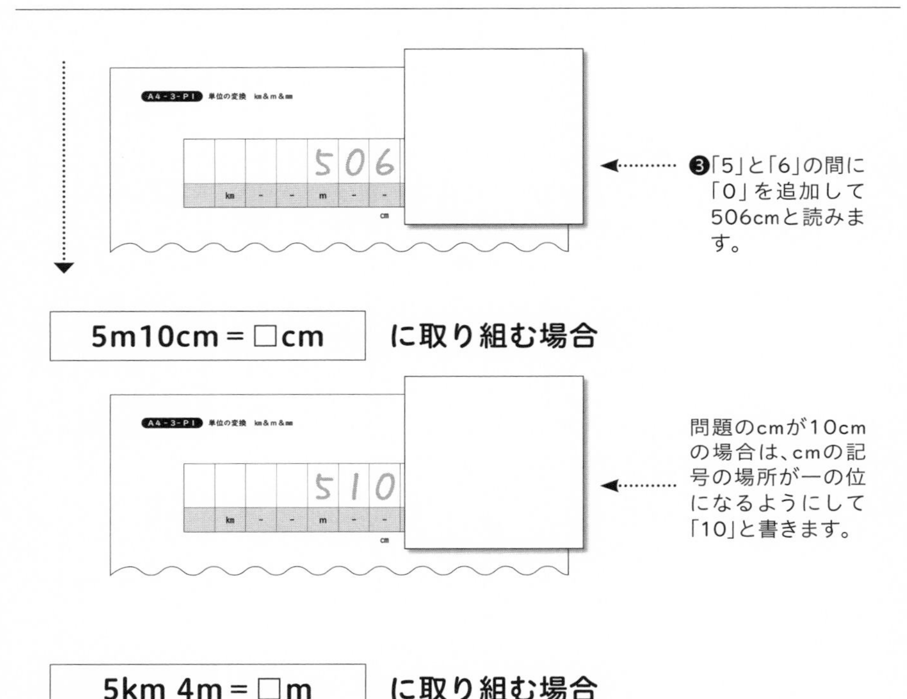

❸「5」と「6」の間に「0」を追加して506cmと読みます。

5m10cm＝□cm に取り組む場合

問題のcmが10cmの場合は、cmの記号の場所が一の位になるようにして「10」と書きます。

5km 4m＝□m に取り組む場合

「5km4m＝□m」のような問題では、「54m」と答えることがよくあります。間に「0」があると間違いやすいのです。

●ステップ2

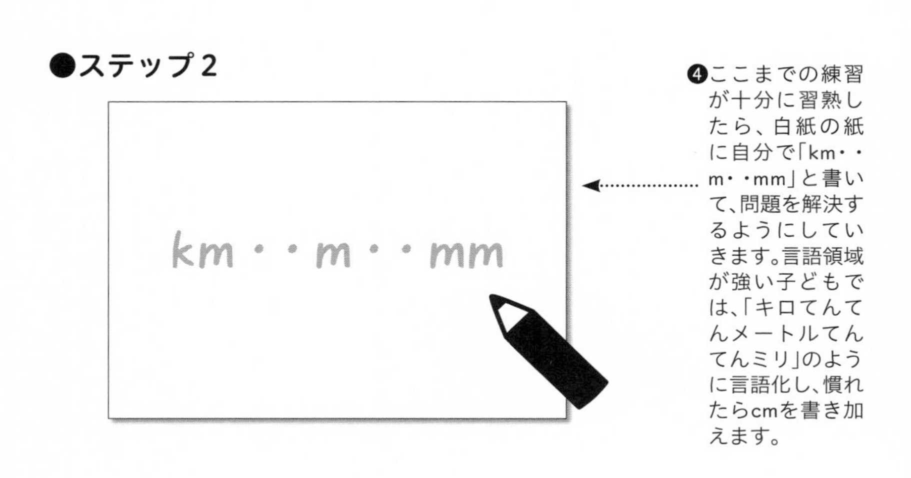

❹ここまでの練習が十分に習熟したら、白紙の紙に自分で「km・・m・・mm」と書いて、問題を解決するようにしていきます。言語領域が強い子どもでは、「キロてんてんメートルてんてんミリ」のように言語化し、慣れたらcmを書き加えます。

506cm＝□m□cm　に取り組む場合

このような問題では順番を逆にして取り組みます。

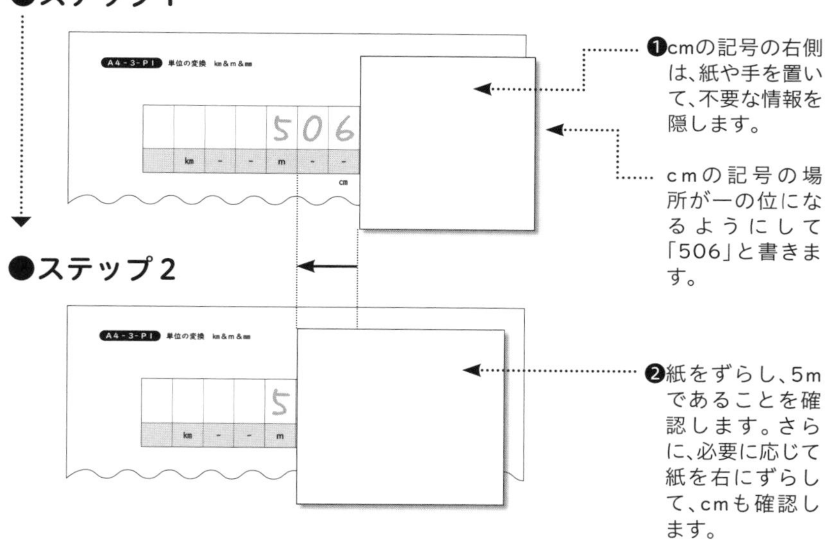

［プリント A4-3-P2］

kgやgの問題にも、P1と同様に取り組みます。

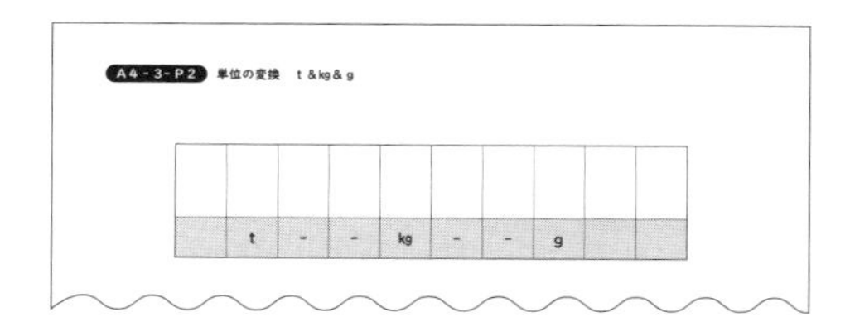

日常ではcg（センチグラム）は使われず、mのときのみセンチが使われます。単位の共通性に注目するとともに、cmだけが例外的に使われていることを意識させます。

学習内容

分数の理解

分数概念

こんな子に

$\frac{1}{3}$mの　3こ分の　長さは何mですか？

文で説明された分数がわかりにくい

こんな支援を

□を1つぬりましょう
これが$\frac{1}{6}$です

さらに$\frac{1}{6}$をぬりましょう

$\frac{1}{6}$が3個分で$\frac{□}{□}$

すでに行っていることを、新しい名前の行為として置き換える

WMに関する困難

言語領域

・言葉の意味を理解するために、試行錯誤して考えることが難しい。

視空間領域

・言葉の表す状態を視覚的にイメージしたり、操作することが難しい。

数量処理

・量を分解することが難しい。
・分数の表記が表す量を理解しにくい。

弱さに配慮し強さを生かした支援

●短所補償

・量を分解することが難しいので、1つずつ加えていき分数の理解につなげます。

●長所活用

・「知っている」「やったことのある」活動に新しい名前をつけます。

スモールステップ

・分数の表記が表す意味はわかっても、それを言葉で表現したり、操作したりするなど、多様な問題があると、子どもは混乱します。
・言葉で理解させようとするのではなく、まずはマス目を数えたり、色をぬったりする活動を行い、その活動の名前を徐々に新しい名前に変えていき、活動と言葉の意味することがつながるようにしていきます。
・１つずつわかることを増やし、そのわかったことを基に新しい知識を学びます。

Ｐ１～Ｐ３まで、マス目を使った問題で分数の理解につなげます。

［プリントＡ4-4-P1］

●ステップ１

❶白い□の数を数えます。

●ステップ２

❷灰色の□の数を数えます。

●ステップ３

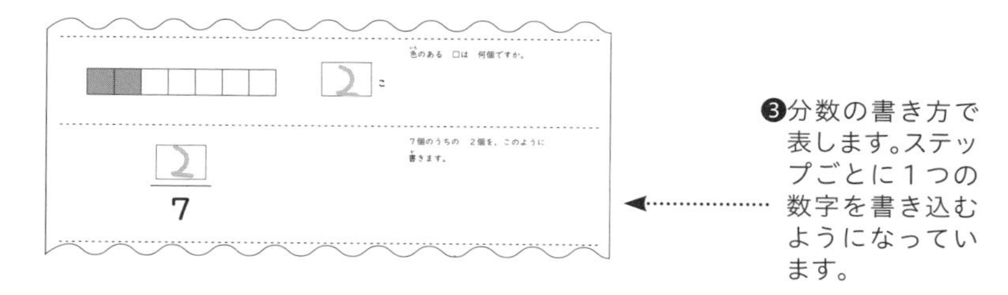

❸分数の書き方で表します。ステップごとに１つの数字を書き込むようになっています。

●ステップ4～6

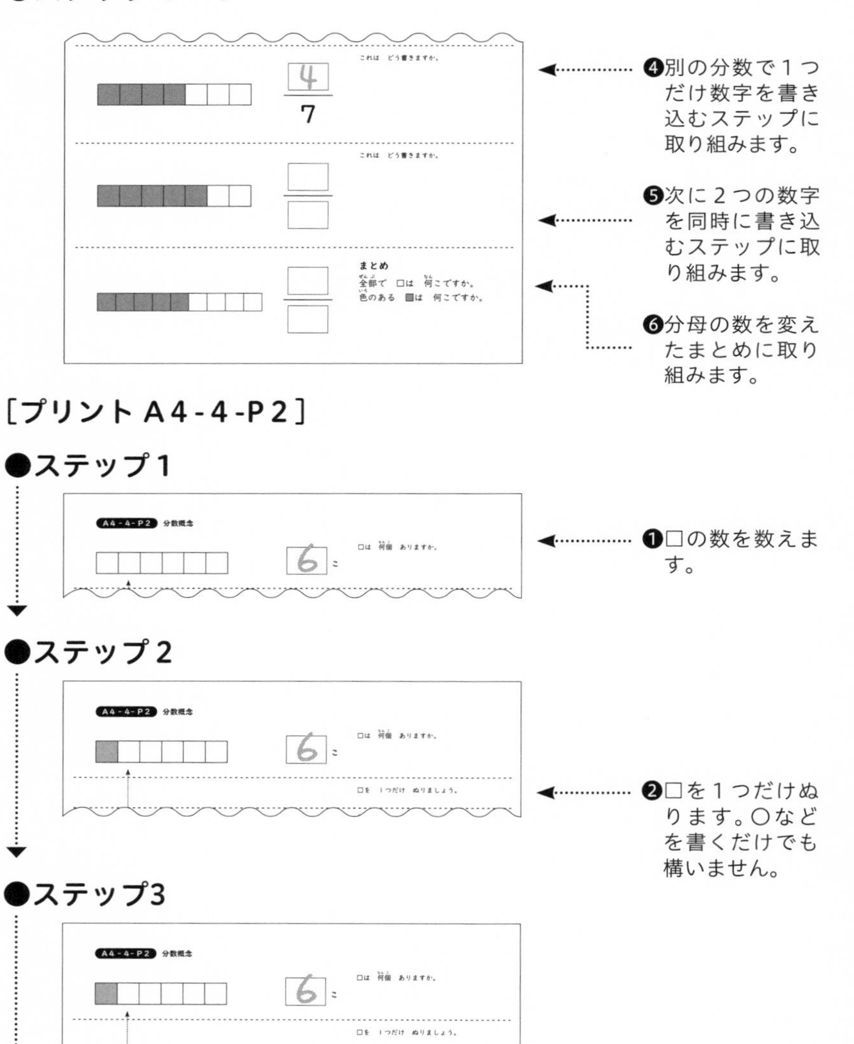

❹別の分数で１つだけ数字を書き込むステップに取り組みます。

❺次に２つの数字を同時に書き込むステップに取り組みます。

❻分母の数を変えたまとめに取り組みます。

［プリントA4-4-P2］

●ステップ1

❶□の数を数えます。

●ステップ2

❷□を１つだけぬります。○などを書くだけでも構いません。

●ステップ3

❸分数で表すといくつかを書きます。

●ステップ4～5

A4-4-P2 分数概念

□は 何個 ありますか。

6 こ

□を 1つだけ ぬりましょう。

分数にすると いくつですか。

$\frac{1}{6}$

また、$\frac{1}{6}$を ぬりましょう。

また、$\frac{1}{6}$を ぬりましょう。

❹❺ステップに沿って□をぬっていきます。ここでは「□を1つ」という表現ではなく「$\frac{1}{6}$をぬりましょう」という表現を支援者が読み上げ、子どもが活動します。

●ステップ6

全部で 何個 ぬりましたか。

3 こ

❻ぬった数を数字で書きます。

●ステップ7

分数で 表すと いくつですか。

$\frac{3}{6}$

❼分数で表します。

●ステップ8～9

分数で 表すと いくつですか。

$\frac{3}{6}$

つまり、$\frac{1}{6}$が 3個分で いくつに なりますか。

$\frac{3}{6}$

まとめ

$\frac{1}{6}$ mの 3こ分の 長さは 何mですか。

$\frac{□}{□}$ m

❽ここまでのプロセスをあらためて言葉でまとめて、分数で表します。

❾まとめに取り組みます。

P3も同様のプリントになります。

A4-5

学習内容

グラフや記号の量

表とグラフ・不等号・単位

こんな子に

不等号を書きましょう
24 □ 5

グラフや記号が表す意味がわかりにくい

こんな支援を

具体的なイメージに基づいて記号を理解する

WMに関する困難

言語領域

・問題を説明する文の意味を理解しにくい。

・新しい記号の名前を覚えにくい。

視空間領域

・言葉で表される状況をイメージしにくい。

数量処理

・グラフが表す量を理解しにくい。
・数の量を比べることが難しい。

弱さに配慮し強さを生かした支援

●短所補償

・連続量や記号の表す意味を理解しにくいので、具体的なエピソードから始めて徐々に抽象的な学習に進みます。

●長所活用

・順番に情報を活用した学習を行います。

スモールステップ

・棒グラフや不等号、面積の単位は、1つの記号で大きな数の変化を表すことができる便利なものです。しかし、ワーキングメモリの視空間領域や数量処理に弱さがある子どもでは、これらを理解することに難しさが生じます。
・情報を分解したり大小を比較するのではなく、情報を1つずつ付け加えていく、あるいは大きなものが小さくなるような、順序に基づく変化を理解して学習していきます。

[プリントA4-5-P1]

P1では、表とグラフを使って数の変化の理解に取り組みます。

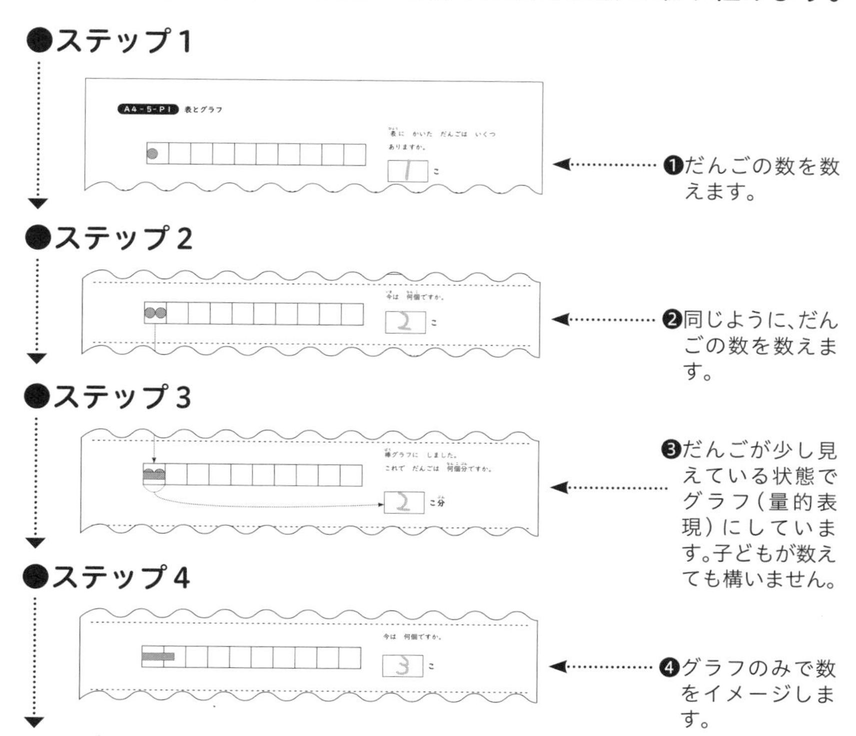

●ステップ5～6

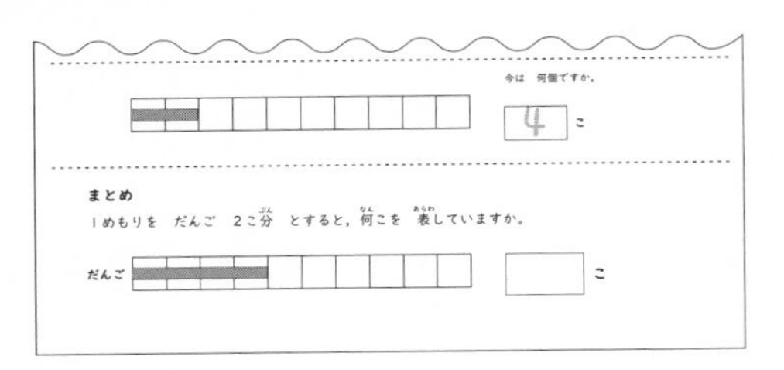

⑤⑥徐々に数を増やしていき、最後にまとめに取り組みます。

グラフは量的な表現であるため、数量処理が苦手な子どもや、視空間領域に弱さがある子どもでは困難が生じます。カウンティングや具体的なイメージを積み上げるようにして学習を進めます。

［プリントA4-5-P2］

P2では、エピソードを使って不等号の理解に取り組みます。

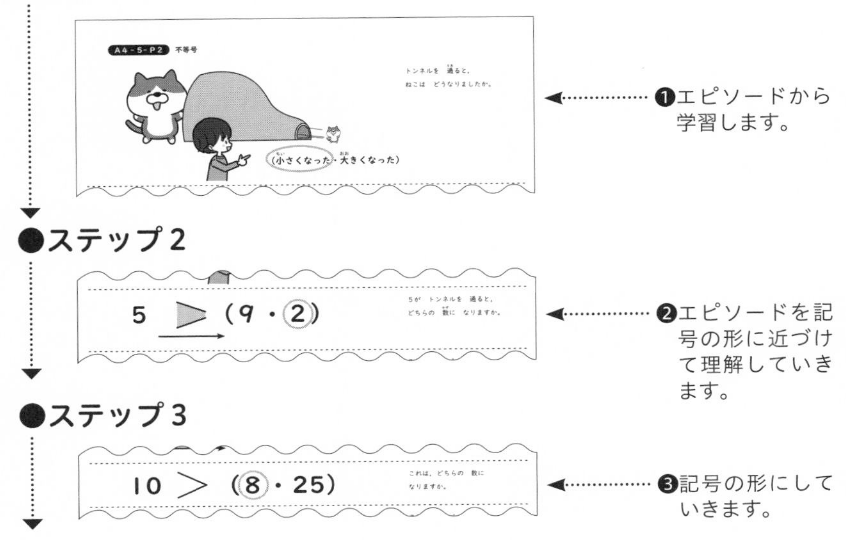

●ステップ1

❶エピソードから学習します。

●ステップ2

❷エピソードを記号の形に近づけて理解していきます。

●ステップ3

❸記号の形にしていきます。

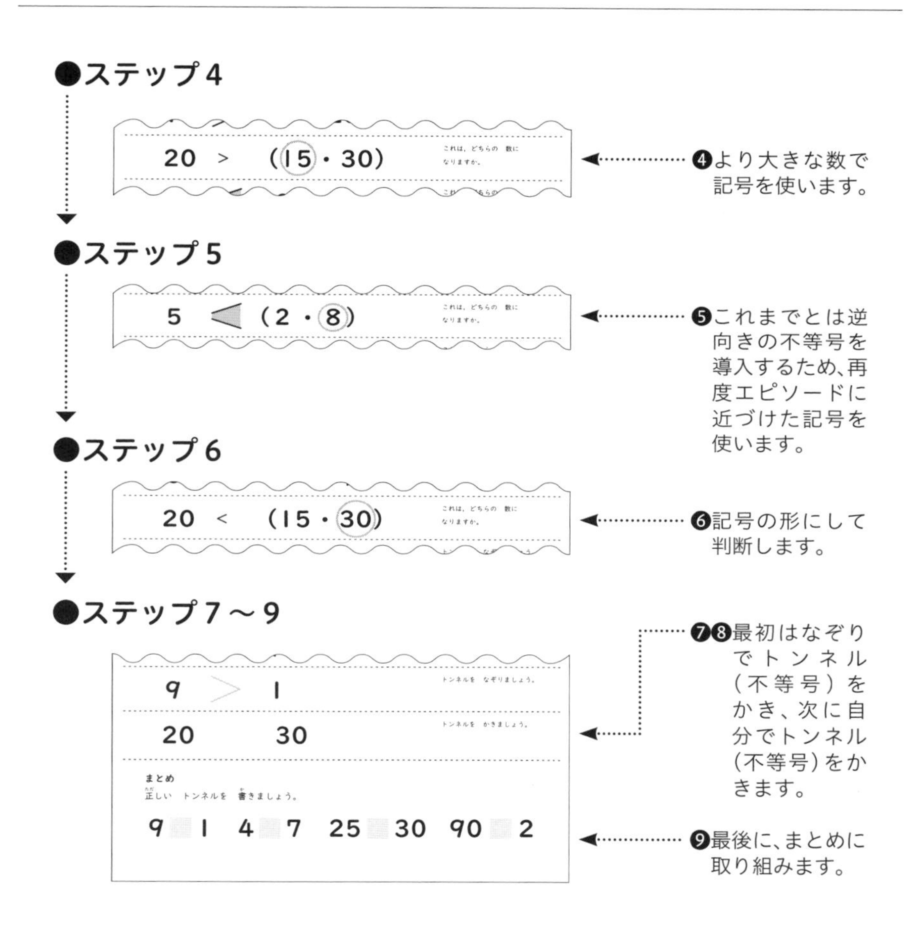

不等号の記号は、大きく開いている側と小さい側を説明したり、鳥のくちばしに例えたりもしますが、これでは理解しにくい子どももいます。この場合は数の比較ではなく、大が小になるというエピソードをとおして記号を理解しやすくします。このエピソードを使うということは、数を同時に比較するのではなく、数がトンネルを通って小さくなるという時間的に順序のある比較をしていることになります。ここでも順番の情報を重視しているのです。

［プリントA4-5-P3］

P3では、㎡や㎠を使って数の大きさの理解に取り組みます。

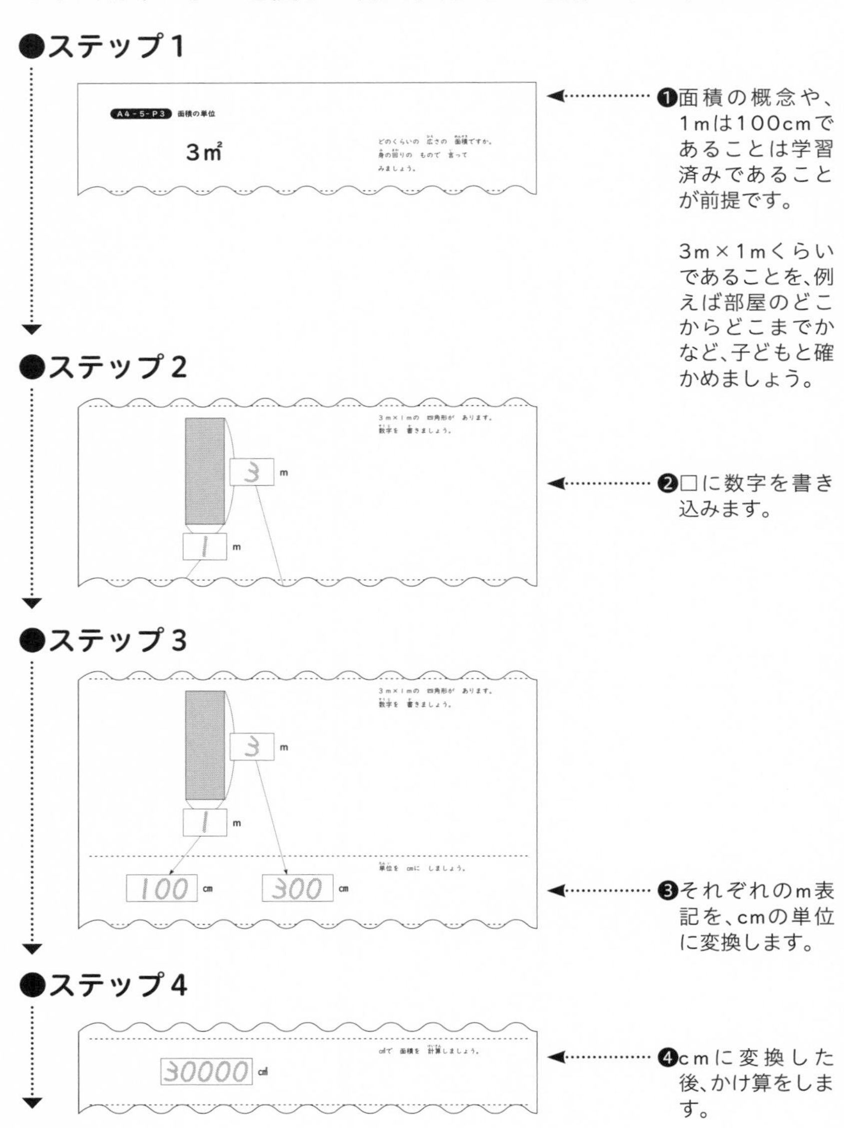

❶面積の概念や、1mは100cmであることは学習済みであることが前提です。

3m×1mくらいであることを、例えば部屋のどこからどこまでかなど、子どもと確かめましょう。

❷□に数字を書き込みます。

❸それぞれのm表記を、cmの単位に変換します。

❹cmに変換した後、かけ算をします。

●ステップ5～6

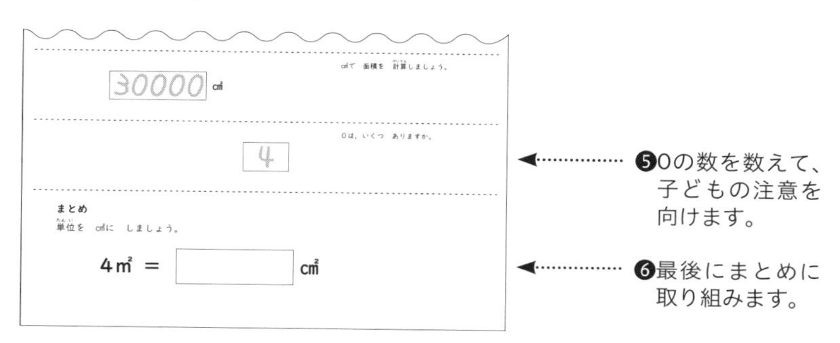

　mと㎡の単位の違いは小さな数字の2の有無ですが、記号が表す意味は大きく異なります。特にcmに変換すると、数の大きさがまったく異なってきます。口頭で説明されても、ワーキングメモリや数量処理に弱さがあると情報を覚えきれなかったり、数の大きさをイメージしにくく意味がわからなかったりします。

　面積の理解そのものが、ワーキングメモリの視空間領域や数量処理の働きを必要とします。子どもが取り組む際の思考のプロセスを、1つずつ落ち着いて取り組めるようにします。

COLUMN

子どもの困難を理解するために

子どもの算数学習場面でのつまずきが、本書でいう「数量処理」の苦手さによるという場合について、支援者がその困難さをイメージする方法があります。

「1、2、3……」という数を、それぞれ「い、ろ、は……」に置き換えて算数の問題を解いてみるのです。1＝い、2＝ろ、3＝は……で、数字は使わず「いろは……」しか使ってはいけないルールです。

例えば「7は3といくつ？」という問題は、「いろは……」に置き換えると「『と』は『は』といくつ？」と考えます。

数を使わずに解決するには、「いろはにほへと」と言いながら指を出し、今度は「いろは」と言いながらその指を折ります。最後に残った指を「いろはに」と言いながら折れば、「『と』は『は』と『に』」ということがわかります。算数に困難がある子どもは、数と指を使って同じようにやることがあります。

文章題でも「とりが『ほ』わいました。『は』わとんでいきました。のこりはなんわでしょう」という問題で、もし「は－ほ＝」と立式してもそれほど違和感はありません。しかし、これは数字では「3－5＝」です。小さな数から大きな数を引く立式をしてしまう子どもがいますが、「3－5＝」を見ても「はーほ＝」のようにそれほど違和感がないのです。

「いろは……」を順番の記号として使うとき、私たちは「は」が3番目のことだとわかります。しかし、私たちは「3」という数字を見ると3の量を感じることができますが、「は」には量を感じることができません。「3」の背後にあり、「は」にはないものが本書における数量です。

子どもが計算や問題につまずいたとき、大人は試しにその数字を「いろは……」に置き換えたものに取り組んでみましょう。子どもが8の分解に指を使っているなら「ち」を「いろは……」だけで分解する（数に変換しない）のです。そうすると、子どもの感じている困難を理解しやすくなります。

プリントの使い方

B

計算・アルゴリズム

B1-1

学習内容

5を基にしたくり上がり

たし算 5といくつ

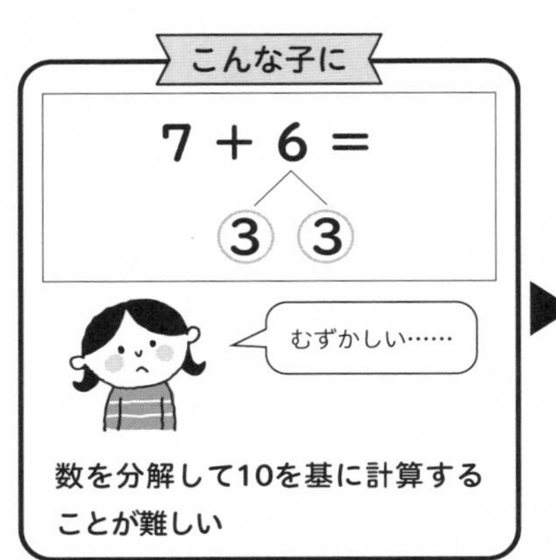

WMに関する困難

言語領域

・計算を言葉で覚えることが難しい。

・計算の手順を言葉で覚えるのが難しい。

視空間領域

・頭の中でブロックをイメージして、操作・分解することが難しい。

数量処理

・10のような大きな数を分解することが難しい。

・分解できても、計算の中で使うことが難しい。

弱さに配慮し強さを生かした支援

●短所補償

・数を分解することが難しいので、加算を基本にして学習します。

●長所活用

・5のように10よりも小さく、なじみのある数を使って学習します。

スモールステップ

・80ページのように、数を「５といくつ」に分解することを学習済みであることと、10を基にした計算が困難であることが前提となります。
・最初に数を１つずつ「5といくつか」に分解します。そして、５と５の計算と小さな数同士の計算をして、それらの結果を最後に合算します。
・徐々にヒントを減らしていきます。
・時間が経つと、10を基にした計算に移行する子どももいます。

Ｐ１～Ｐ３まで、５を基にしたくり上がりの計算に取り組みます。

［プリント B1-1-P1］

●ステップ１

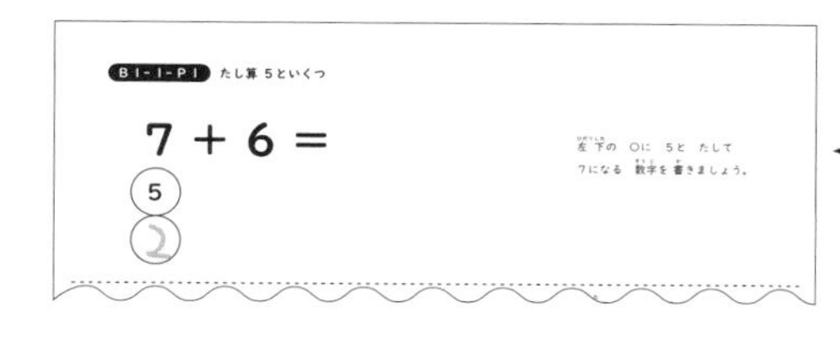

❶7を「5といくつか」に分解します。P80の「5といくつ」の学習とも連動しています。

●ステップ２

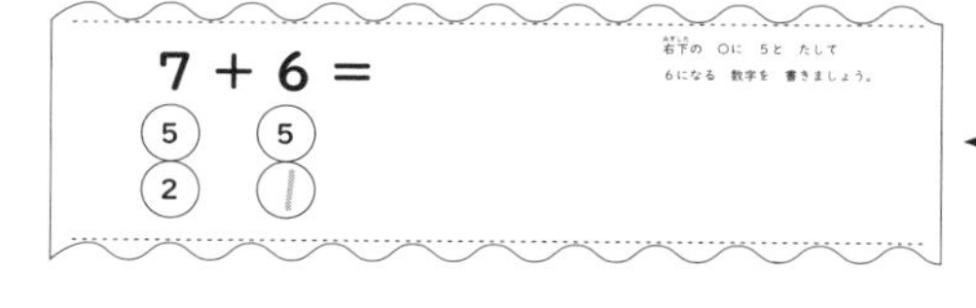

❷6を「5といくつか」に分解します。

●ステップ３

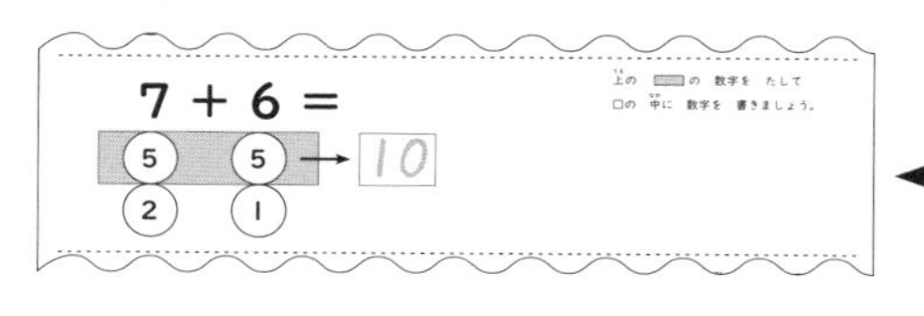

❸「5と5」は10であることを書きます。

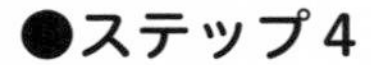

●ステップ4

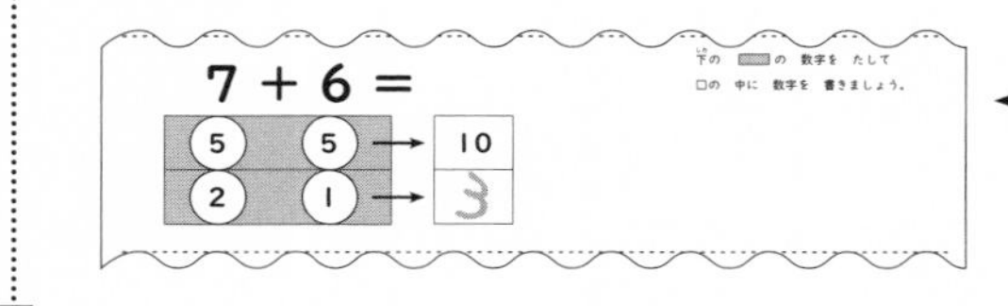

❹「2と1」は3であることを書きます。ここは、指を使って計算できる範囲です。子どもによって、指を使っても構いません。

●ステップ5

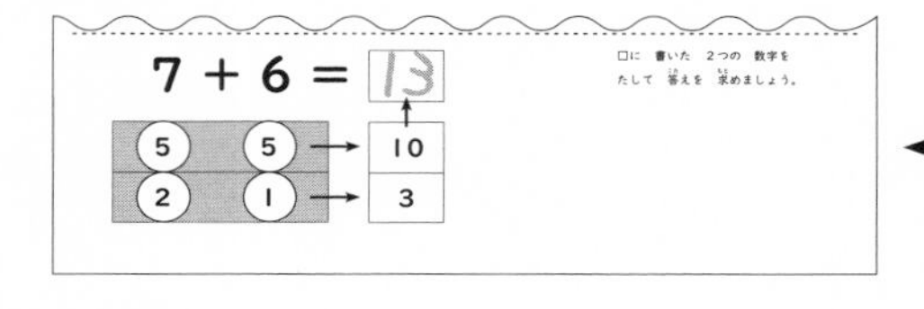

❺「10と3」は13であることを書きます。

[プリントB1-1-P2]

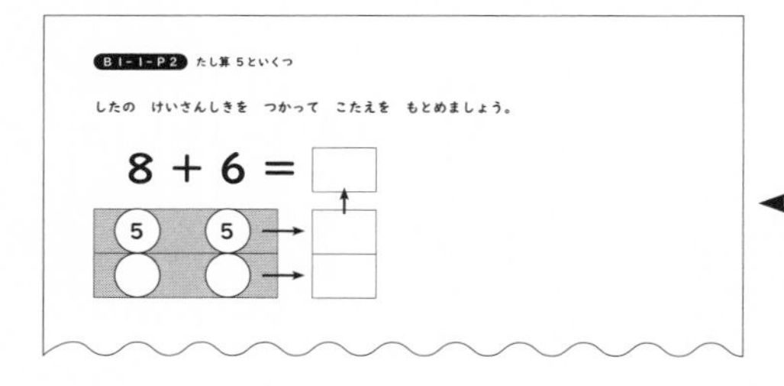

P1で学習したやり方を練習します。

[プリントB1-1-P3]

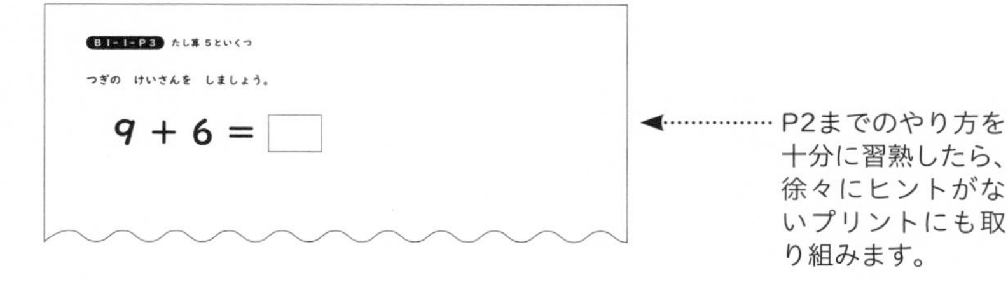

P2までのやり方を十分に習熟したら、徐々にヒントがないプリントにも取り組みます。

P3は、くりあがりのあるたし算と、くり上がりのないたし算を切り替える練習をするため、両方の問題を混ぜています。

COLUMN

「5を基にした」計算はどのような子どもで使うか

教科書では「10をもとにしたくり上がりの計算」が掲載されていますが、これは「8＋6」であれば、6を2と4に分解し、「10+4」に変形したうえで14と計算するもので、大切なやり方です。「8+6＝14」とすでに記憶している大人は、なぜこんな複雑な計算をするのだろうと思うかもしれませんが、「8+6」の答えをまだ覚えていない子どもは、指の数よりも多く、ドットを描いて全部数えるのも大変という段階にあります。このとき、数を10に基づいて操作・変形することで、大きな数の計算ができるのです。

ところが、子どもによっては10という大きな数を扱うことがまだ難しいことがあります。10を分解できなかったり、10が「8と2」に分解できることはわかっていたとしても、計算の中で6を「2と4」に分解し……と、同時進行で考えていくことが難しかったりするのです。

こうした子どもがくり上がりの計算を頭の中でやっているとき、どうやっているのか聞くと、「5といくつか」に分解するやり方をとっていることがあります。「自分で考えた」とも言います。

5のほうが小さな数で扱いやすいこと、数を2つの数に分解したときに、一方が5に固定されているほうがわかりやすいこと、「5といくつか」に分解したときに、5以外の数は最大でも4であり、小さな数になることなどが理由でしょう。よって、10を扱うのは難しい子どもでは、「5を基にした計算」を使います。

ただし、10を基に計算している子どもを、5を基にした計算に誘導すると逆に混乱します。また、5を基に計算している子どもが年齢が上がると、10を基に計算できるようになっていることもあります。やり方は子どもや段階によって使い分ければよいのです。

B1-2

学習内容

10を基にしたくり上がり・くり下がり

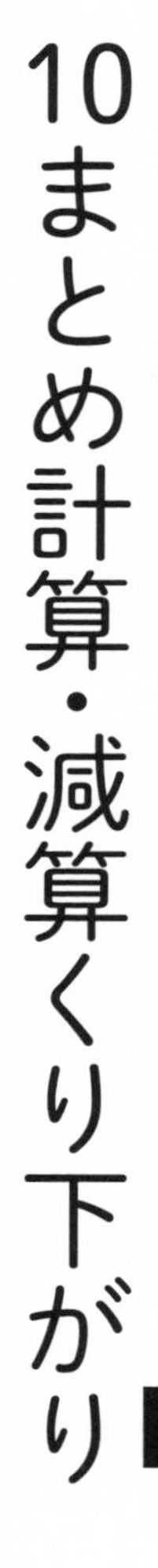

こんな子に

やり方を覚えることが難しい

こんな支援を

目線の向きに配慮したやり方で学習する

WMに関する困難

言語領域

・計算を言葉で覚えることが難しい。

・計算の手順を言葉で覚えるのが難しい。

視空間領域

・目線があちこちに動く。

・手順が覚えきれない。

数量処理

10の分解が難しい。

弱さに配慮し強さを生かした支援

●短所補償

・視線を一定の動きで進められるような学習にする。

●長所活用

・必要に応じて、数の順序についての知識を用いる。

スモールステップ

- これらのプリントは、10を基にした学習に弱さのある子どもを想定しています。数の分解に時間がかかる場合は、数直線を使うなどで弱さを補い、強さを活用して学習を進めます。
- 丁寧にやり方を練習したあと、例題（まとめ）で繰り返し復習していきます。ただし、一度に数多くの問題をやり過ぎないようにします。
- くり下がりの筆算では、140ページのやり方を活用して「10といくつ」に分解します。

P1・P2では、10を基にしたくり上がりの計算に取り組みます。

［プリント B1-2-P1］

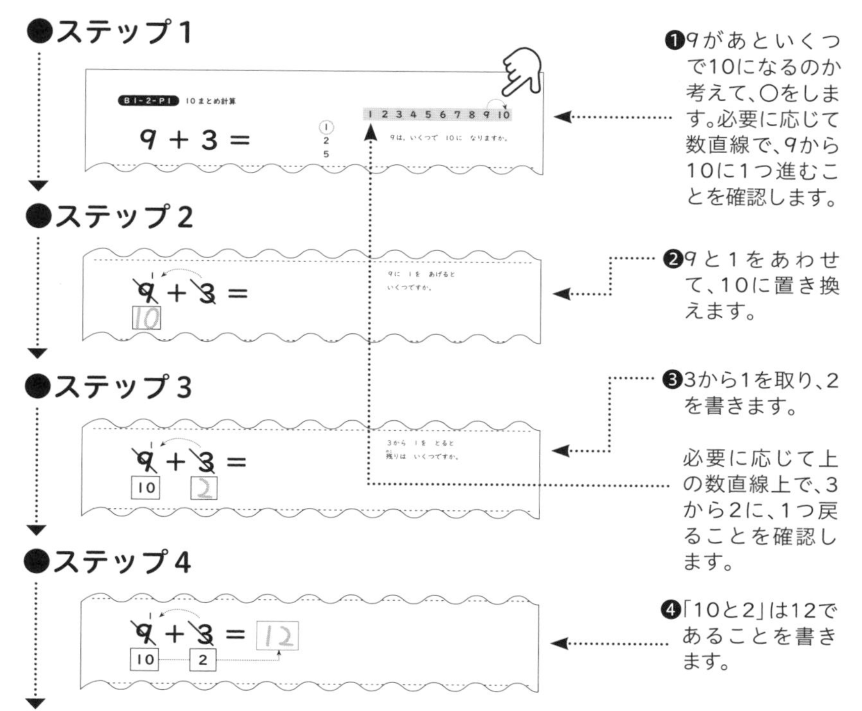

●ステップ5

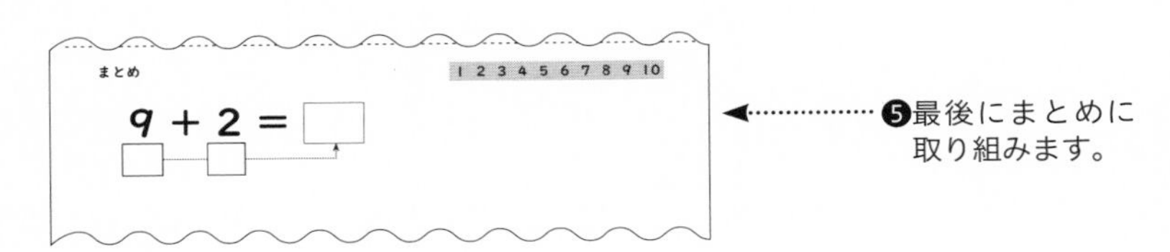

[プリントB1-2-P2]

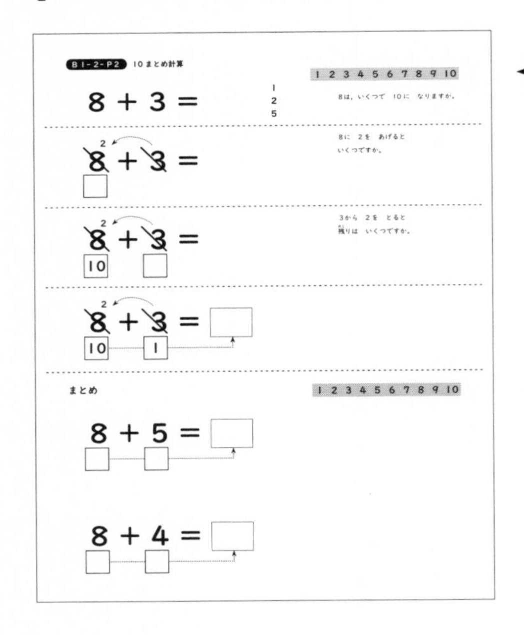

P2は、P1と同様の形式で、補数が2の場合の計算の練習を行うプリントです。

ここで紹介したのは、10を基にしたやり方で、学校などで一般的に用いられるものと原理は同じです。しかし、教科書などでは以下のようなやり方で学習するかもしれません。

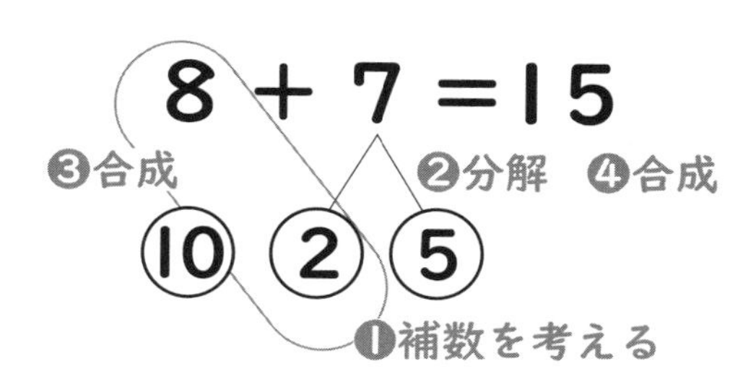

❶8を見て、10の補数を2と想起する。
❷7を、2と5に分解する。
❸8と2から、10を合成する。
❹10と5で、15を導き出す。

この形式は、ワーキングメモリや数量処理に弱さのない子どもでは問題ありません。しかし、弱さのある子どもでは、❶で補数が想起できない、❷で数の分解が難しい、❹で、10と 5 の間に 2 があり、計算の邪魔になるという問題があり、さらに❶→❷→❸→❹の目線の動きが複雑です。

ここで紹介したやり方は❶→❷→❸→❹の流れを円を描くようにスムーズに構成し（もちろん❸を❷の前にやっても構いません）、補数が最後の計算の邪魔にならないようにしてあります。

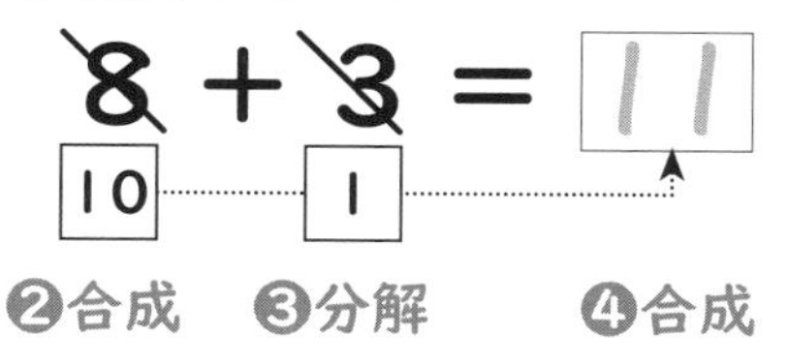

1 2 3 4 5 6 7 8 9 10

また、❸は数の分解に弱さのある子どものために、数直線での解決もできるようにしています。

小さなことに見えますが、ワーキングメモリや数量処理に弱さのある子どもに支援をする際は、目線の動き方や不要な情報を排除すること、数の分解の負担を避けるやり方に力を注ぐ必要があるのです。

［プリント B1-2-P3］

加算で支援が必要な子どもでは、減算においても支援が必要です。P３では、数を分解したあと、少しずつ引いていくやり方で練習します。

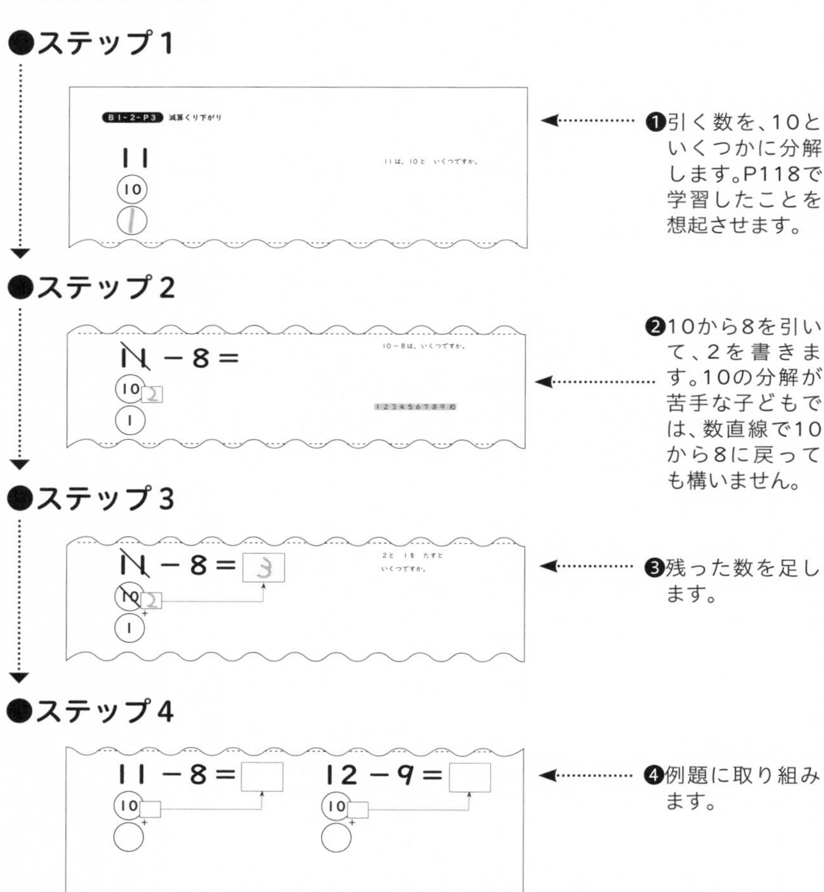

上記のやり方と似ていますが、子どもによっては「11 − 8 」で一旦10と１に分解した後、８から１を取って７にした後、10から７を引く場合もあります。子どもにやり方を聞いたり、観察しましょう。

COLUMN

数直線を使ったくり下がり

「数を分解する」ことは難しい処理なので、子どもたちにそれぞれの計算のやり方を聞いていくとさまざまなバリエーションがあることがわかります。

「11-8」では、頭の中で次のように縦の数直線を使う子どもも少なくありません。

筆算で、数直線を使っている子どももいます。

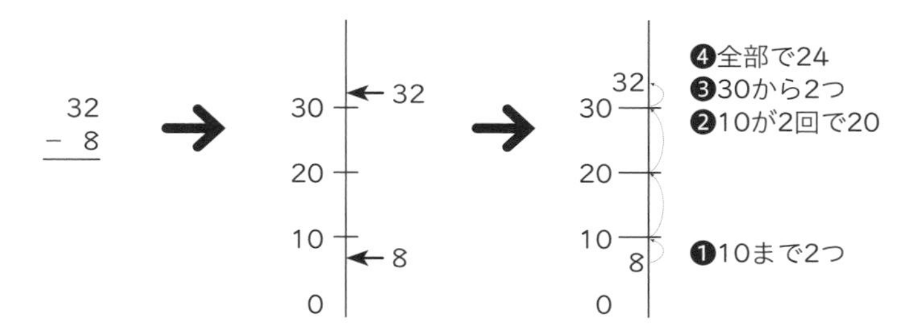

たいていの子どもは、自らこうしたやり方を発見して使っています。子どもにやり方を聞いてみましょう。そして、子どものやり方に感心しましょう。

子どものやり方を知ることで、その子どものことをより深く理解できるようになり、新しい学習をするときに、より適切なやり方で支援することができるようになります。

学習内容

B1-3 順序でのくり上がり

20までものさし・10の補数補正法

こんな子に

数を分解することに困難がある

こんな支援を

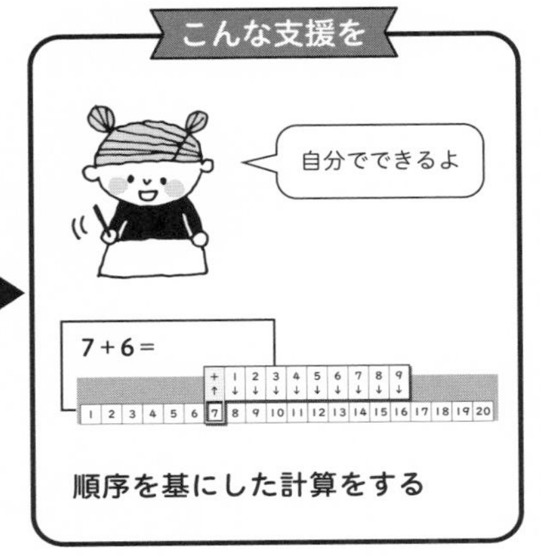

順序を基にした計算をする

WMに関する困難

言語領域

・くり上がりの手順を言葉で覚えることが難しい。

視空間領域

・頭の中でブロックをイメージして、操作・分解することが難しい。

数量処理

10や5をまとまりとして処理することに困難がある。

弱さに配慮し強さを生かした支援

●短所補償

・視覚的なイメージや数量処理を支えにして計算をすることが困難なため、できるだけステップが少ない学習方法で行います。

●長所活用

・数の順序の知識を利用して計算を行います。

スモールステップ

・数の分解が著しく困難な子どもに行うやり方です。数の順序に関する知識を使って、直感的に理解しやすいやり方で学習します。
・P1・P2は、系統的ではなく独立したプリントです。子どもの使いやすさに応じて使い分けます。
・P3は、順序の情報を使ってくり上がりをするもので、このやり方が合う子どもは多くはありませんが、このやり方以外のくり上がりが難しい子どももいます。P4は、P3の応用です。

［プリント B1-3-P1］
数の分解がどうしても難しい子どもでは、P1のように計算尺（数直線）を使って計算します。

7＋6＝□ に取り組む場合

●ステップ1

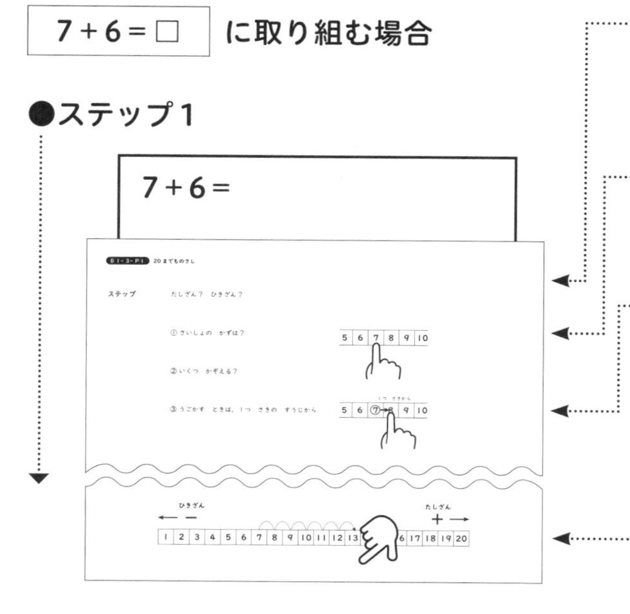

初めてP1に取り組むときや、やり方が不安定なときは、式を見てたし算か引き算かをチェックします。

①②式の数をよく見ていない子どもでは、最初の数と2番目の数を確認します。

③最初に指さしたところから「1」と言う子どもは、移動してから「1」であることも確認します。

「7＋6」であれば、最初は7に指を置き、プラスの方向に6つ進みます。ひき算ではマイナス方向に進みます。計算がたし算かひき算かによって向きが反対になることを、確認します。

［プリント B1-3-P2］
数の分解ができず、数えている途中で数え間違いが多発する子どもに使用します。

●準備

計算尺

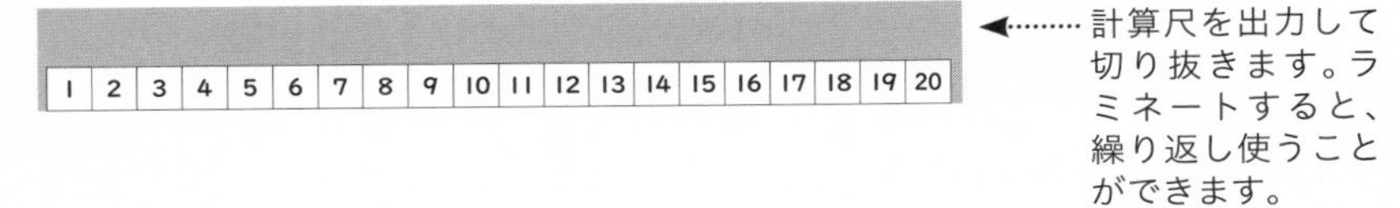

計算尺を出力して切り抜きます。ラミネートすると、繰り返し使うことができます。

計算器

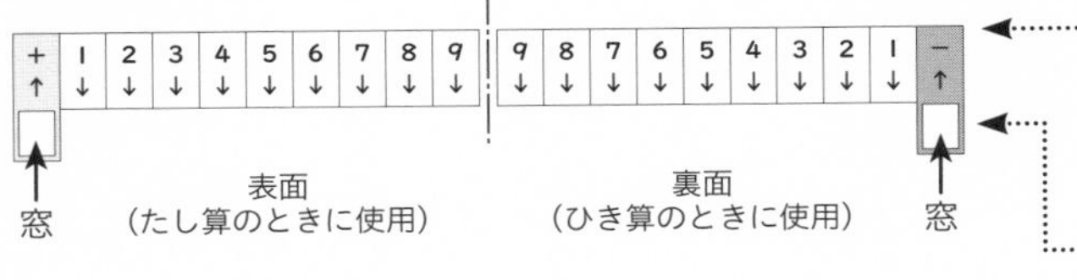

出力して厚紙に貼ります。表面と裏面がぴったり合うように折り返し線で折って、厚紙の表裏に貼りつけます。

カッターナイフで窓の部分を切り抜きます。

●ステップ1

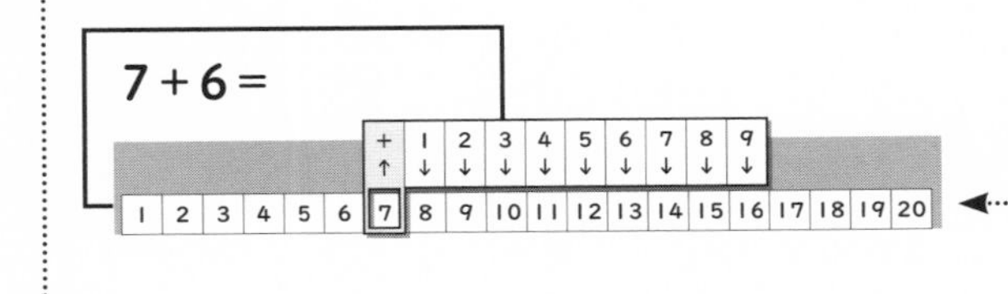

❶たし算のときはたされる数の（7）に計算器の窓を当てます。たす数（6）の矢印の下が答えになります。

●ステップ2

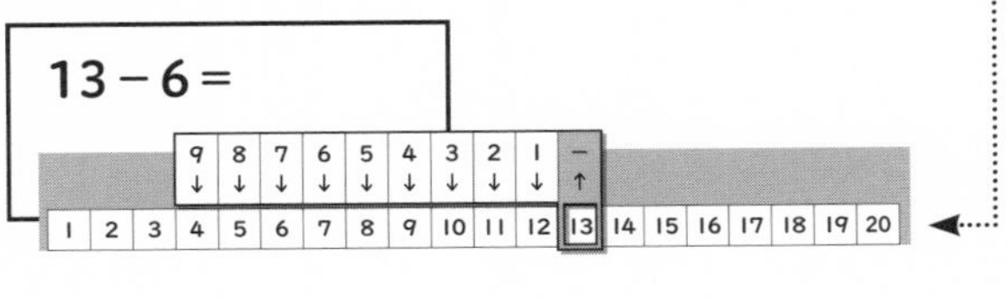

❷ひき算のときは計算器を裏返して使います。ステップ1と同様に使いますが、読み取る方向が逆になるので注意が必要です。

［プリント B1-3-P3］

数の分解が困難で、P1やP2のやり方でも数え間違いが多い子には、次のようなやり方で学習すると定着する場合もあります。

●ステップ1

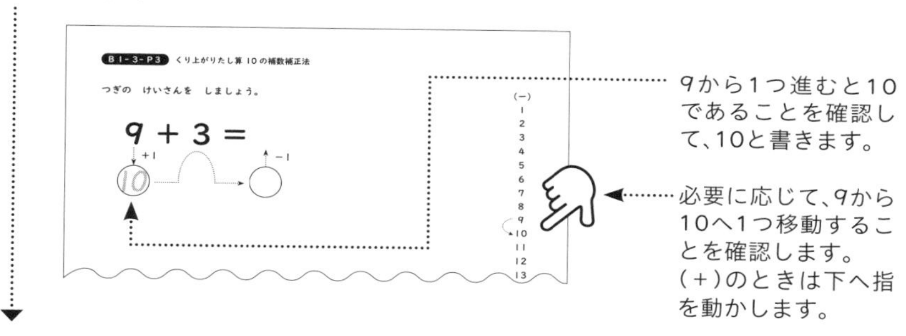

●ステップ2

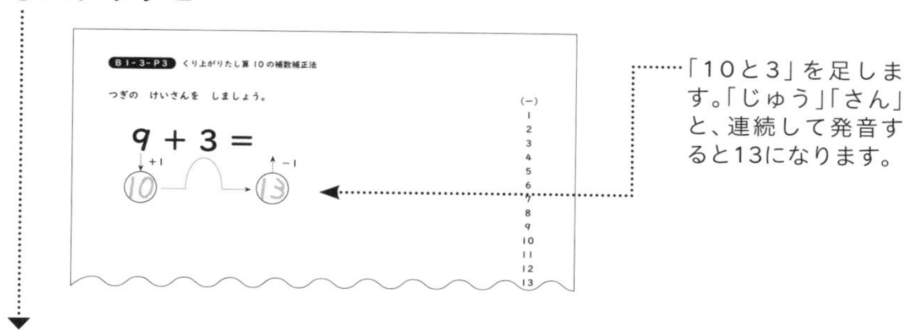

●ステップ3

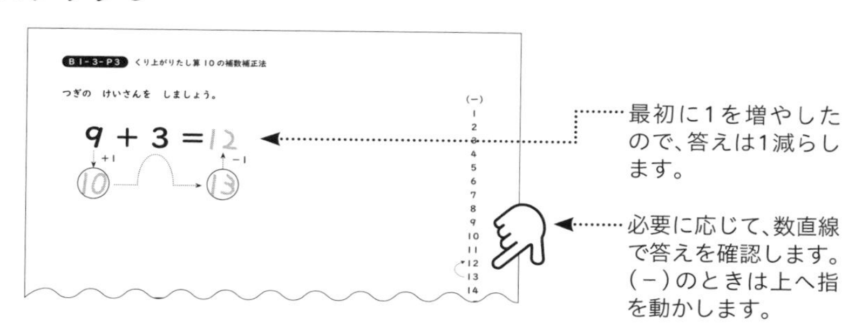

［プリント B1-3-P4］10の補数補正法筆算枠

P3のやり方以外では計算が難しい子どもに対して、大きな数の筆算を計算するときに試してみます。

38＋7＝□　に取り組む場合

●ステップ1

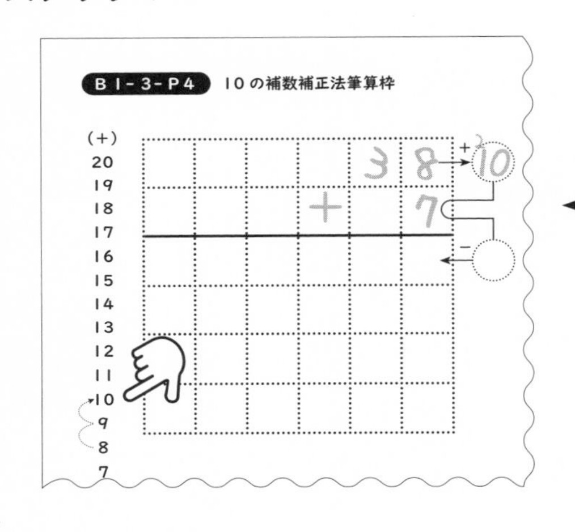

❶8を10にします。必要に応じて、数直線を使って2つ移動すると10になることを確認して、「＋2」と「10」を書き込みます。

●ステップ2

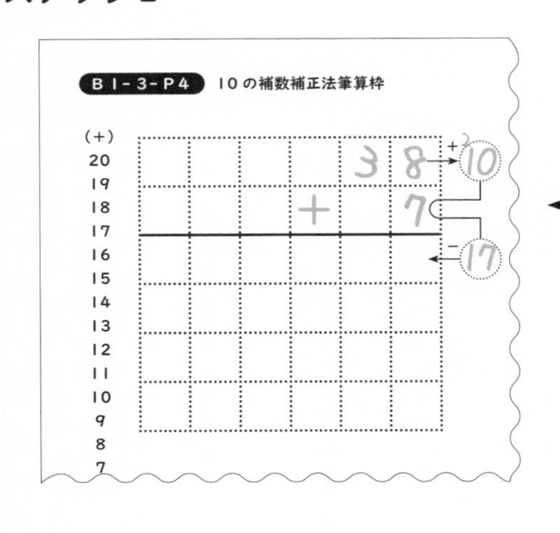

❷「10と7」で17と書きます。「じゅう」「なな」と連続して発音すると17になります。

●ステップ3

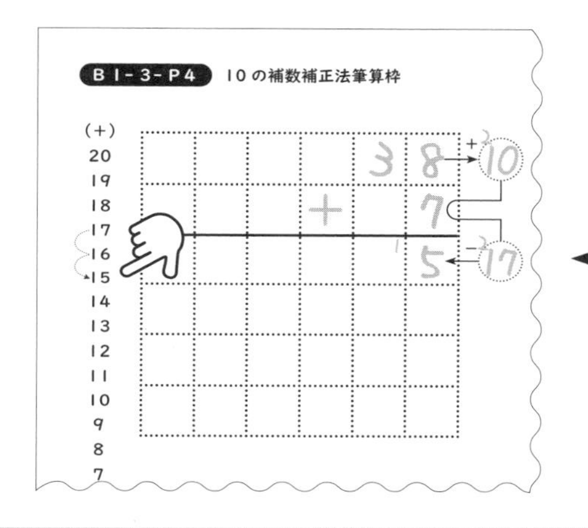

❸最初に「＋2」をしたので、答えから2を引いて、答えの15を書きます。必要に応じて、数直線を使って、17から2つ戻ると15になることを確認します。

COLUMN

くり上がりの計算

①一般的なくり上がり計算

8 ＋ 7 ＝15

❸合成　❷分解　❹合成

⑩ ② ⑤

❶補数を考える

②視線の向きに配慮した計算

❶補数を考える

8 ＋ 3 ＝ 11

10　1

❷合成　❸分解　❹合成

③最後に補正する計算

9 ＋ 3 ＝12　❸移動

+1　−1

❶移動 ⑩　⑬　❷合成

④5をもとにする計算

7 ＋ 6 ＝ 13　❺合成

❶分解　❷分解

⑤ ⑤ → 10　❸合成

② ① → 3　❹合成

くり上がりのある計算にも多くのやり方があります。補正する計算は、一見なじみがないように思えますが、私たちの計算方法をよく考えてみると、②や③に近い人もいると思われます。9を見た途端に10にしてしまい、増やした分を二番目の数から減らして合成するというものです。④のやり方は9＋3では使えませんが、そのときは指で数え上げれば済みます。今は④のやり方しかできない人に、無理やり10を基にする計算を押し付けることはできません。その人にとっては大切な価値があるのです。

学習内容

九九の覚え方

九九

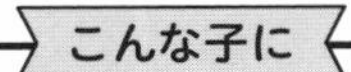

4×5＝20
4×6＝24

しご……

九九の暗唱が難しい

こんな支援を

4×5＝20・　・しろく　にじゅうし
4×6＝24・　・しご　にじゅう

音を何度も読んだり聞いたりして、徐々に慣れていく

WMに関する困難

言語領域

・知らない言葉を覚えることが難しい。

・長い言葉を覚えることが難しい。

・言葉を途中で分けることが難しい。

数量処理

かけ算の表す答えの量を理解しにくい

弱さに配慮し強さを生かした支援

●短所補償

・一度に覚えることができる範囲が小さいので、各段につき4つずつ覚えていきます。

●長所活用

・再認する力を活用して、再認（何度も聞いて慣れる）から、徐々に再生（九九を声に出す）へと進みます。

スモールステップ

・かけ算の意味は理解していて九九に触れていることが前提となります。
・九九を最初から暗唱（再生）することは、ワーキングメモリの言語領域の負担が大きくなります。最初は再認（言われて学ぶ）から学習します。
・はじめは九九の式・答えと、九九の覚え方をつなげます。無理に暗唱することはしません。
・次に九九の式と答えをつなげます。最初はヒントがあるプリントで、慣れたらヒントのないプリントで取り組みます。
・九九の覚え方に慣れてきたら、暗唱にも取り組みます。ただし、暗唱が難しい子どもでは無理に取り組む必要はありません。

［プリント B2-1-P1］

2の段の前半（2×2～2×5）のプリントは全部で4枚あります。

●1枚目

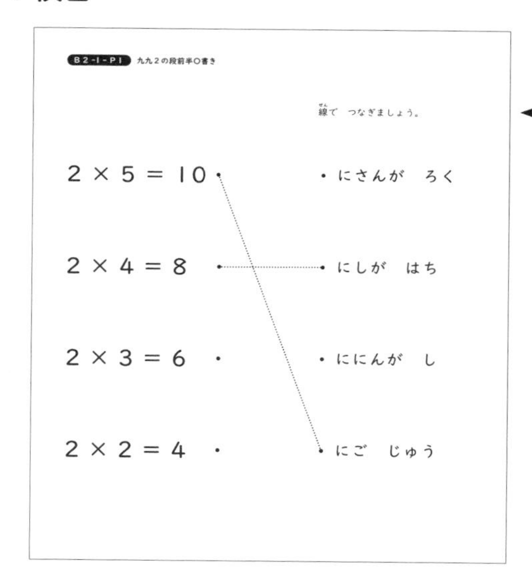

❶1枚目のプリントでは、式と九九の音を線で結びます。

●2枚目

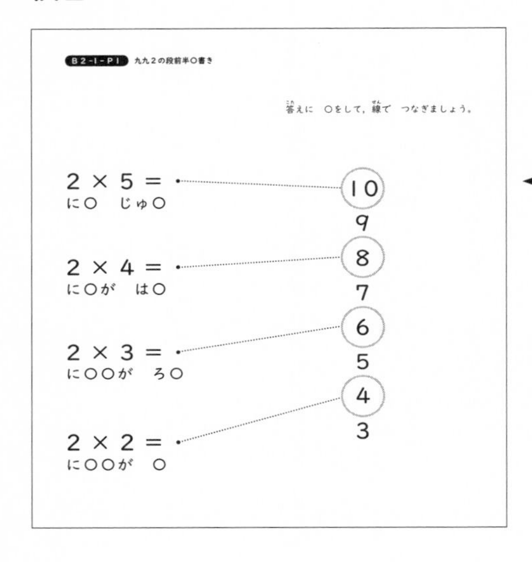

❷2枚目のプリントは、練習した覚え方が語頭のみ、ヒントとして示されています。それを見ながら、式と答えを線で結びます。

直線状では、2とびの等間隔であることに気づかせます。

●3枚目

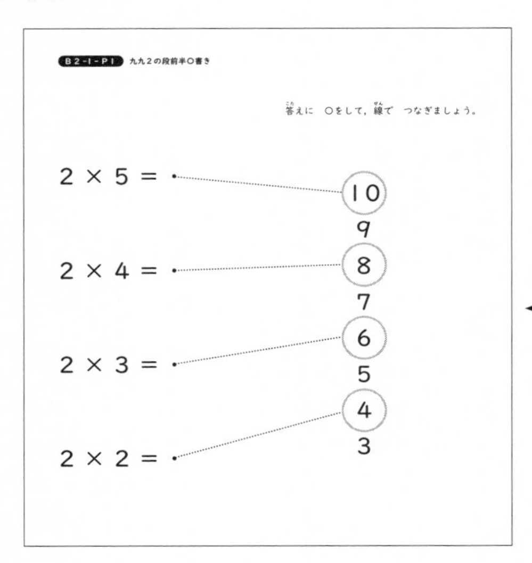

❷3枚目は、2枚目のプリントと同様に式と答えを結びつけます。今度はヒントがありません。

このように、式と答えを分けて練習するのは「5×2＝20」と回答してしまう、つまり、「ごにじゅう」と思い出して「ご・にじゅう」と、音を分離してしまう子どもがいるからです。

●4枚目

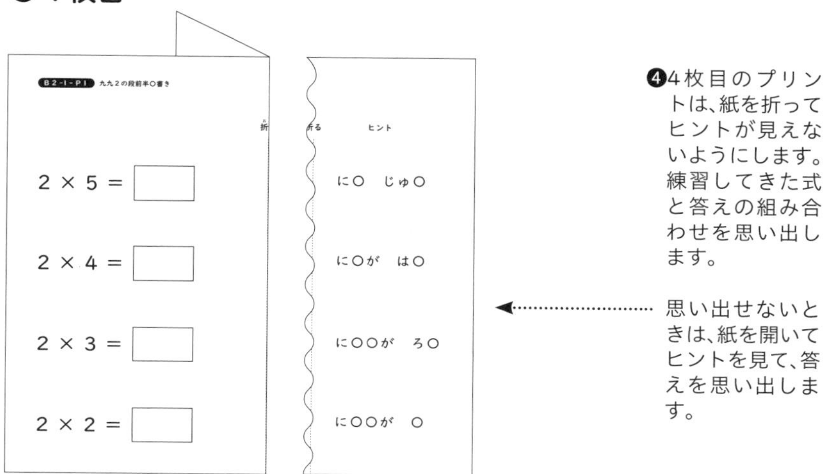

［プリント B2-1-P2］

2の段の後半（2 × 6 ～ 2 × 9）のプリントも、4枚あります。

［プリント B2-2-P1］［プリント B2-2-P2］

5の段の前半が4枚、後半が4枚あります。

［プリント B2-3-P1］［プリント B2-3-P2］

9の段の前半が4枚、後半が4枚あります。

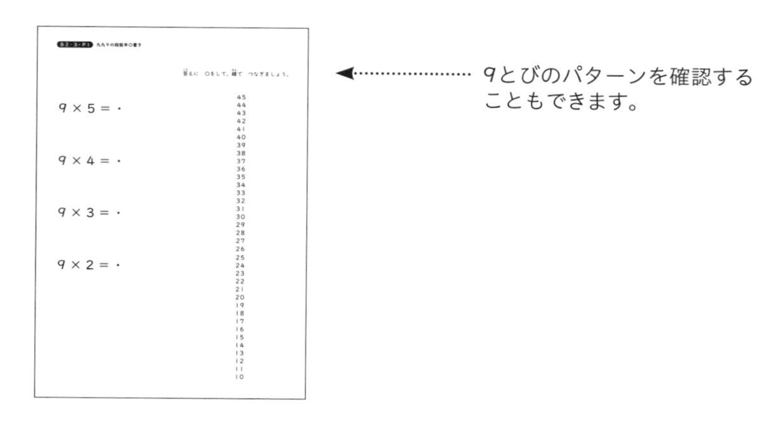

[B2-Excel] 九九アレンジ

子どもに応じて、覚え方(唱え方)を変更したいときや、2の段・5の段・9の段以外の段でも同様の問題に取り組ませたい場合には、Excelデータで作成してみてください。ファイル内の説明(「マニュアル」のシート)を読んでプリントを作成し、出力して使ってください。

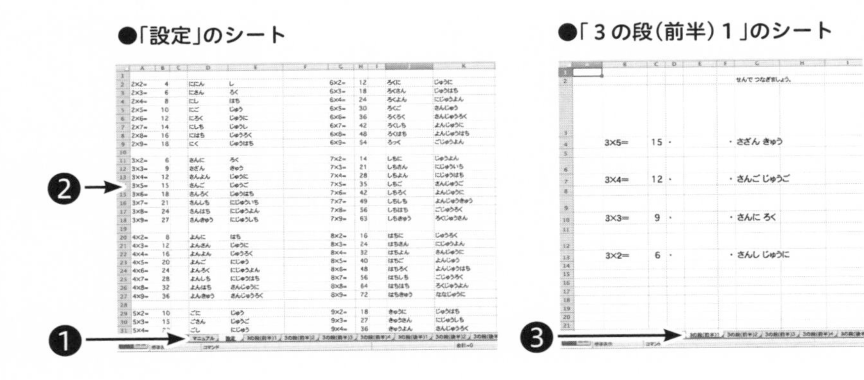

❶「マニュアル」のシートを読んでから取り組みます。
❷「設定」のシートで、取り組みたい段の問題を選び、アレンジします。
❸取り組む段の問題のシートを選び、出力します。
※起動時、マクロ(プログラム)は「有効にする」を選ぶ(コンピューターにより表示は異なる)。

POINT

このプリントでは、①九九の音を何度も聞いて徐々に慣れていき、②数直線で見ると一定の間隔であることが確認でき、③九九を使うと答えがすぐ出ることを体験していきます。子どもにはある程度暗記を許容できる子もいますし、暗記を極端に避ける子もいます。子どもに応じて九九をどこまで暗記するのか考えていきます。

子どもによっては、4を「し」と呼ぶことを知らないことがあります。このような子どもにとって「し」は未知の単語であり、覚えにくくなります。音の数が増えるリスクはありますが「よんよんじゅうろく」のように覚えることも十分に有力な選択肢です。子どもが知っている言葉を使い、本人が覚えやすいことがなによりです。

COLUMN

九九の音の長さ

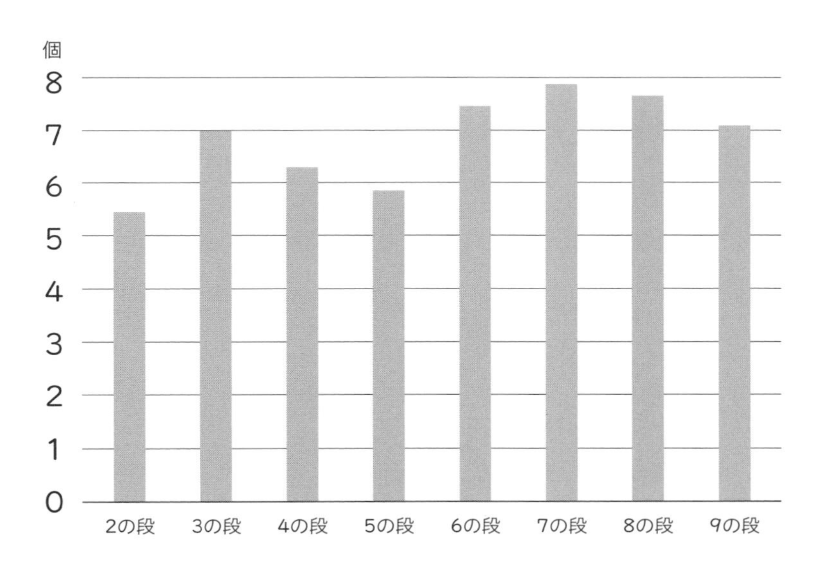

九九の音の数は、「に」を1と数える（「じゅ」のような特殊音節は2文字で1個）と、「ににんがし」は5個、「ごごにじゅうご」は6個となります（5モーラ、6モーラと言います）。

このように数えて、九九の各段の平均の音の数を計算すると、グラフのようになります。2の段や5の段が少ないのがわかりますが、「に」「ご」と、1文字だからです。6の段は「ろく」と2文字であるのに加え、答えも「さんじゅうろく」のように長くなります。

一般的に、言葉の長さが長くなると覚えにくくなるため、子どもたちが九九を習うときに、2の段、5の段から習うのは、数としての覚えやすさだけでなく、音としての覚えやすさから考えても合理的です。

B3

学習内容

筆算の概念

たし算・ひき算・かけ算の筆算

こんな子に

複雑な情報の動きが集約されていて難しい

こんな支援を

概念を記号的に理解できるようにし、必要な情報だけに注目させる

WMに関する困難

言語領域

・筆算の手順を言葉で覚えることが難しい。

視空間領域

・頭の中でブロックをイメージして、操作・分解することが難しい。

・筆算の計算の列がずれて間違う。

数量処理

・数字とその量の表現を結びつけにくい。

・素早く数を分解・合成できない。

弱さに配慮し強さを生かした支援

●短所補償

・一度に複数の情報を処理しにくいので、個数を減らしたり、不要な情報を隠したりします。

●長所活用

・集中すべき情報の個数や量がわかっていると集中する力を発揮しやすいので、問題の個数やプリント枚数を明確に示します。

スモールステップ

・筆算は狭いスペースの中で、情報を集約し操作することが特徴です。作業を進めるとき、不要な情報も目に入りがちです。口頭で多くの指示をしないようにすること、言語領域と視空間領域の情報をあまり行き来しなくても済むようにすること、不要な情報を隠して必要な情報だけに注目できるようにすることに配慮して支援していきます。

[プリントB3-1-P1]

書くことの困難やワーキングメモリに弱さがあり、注意の持続が難しい子どもでは、筆算の宿題に取り組みにくいことがあります。最初から筆算の枠を印刷し、練習する問題数が毎回決まっているようにします。

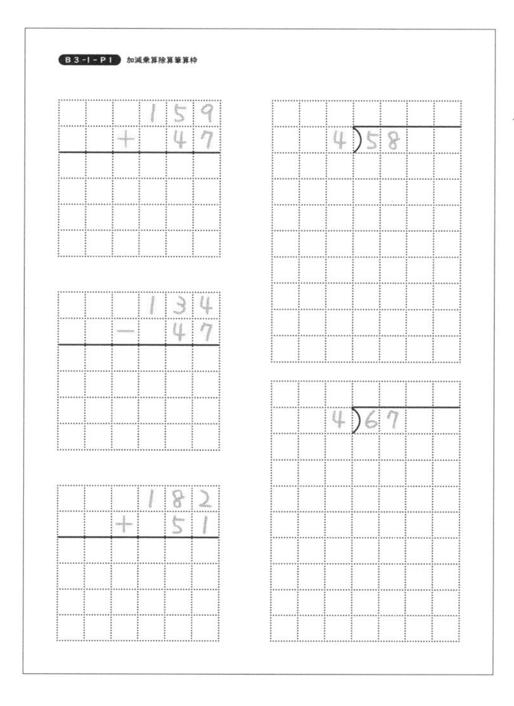

たし算・ひき算・かけ算は兼用です。(左側)

たし算からひき算に変化すると、気づかずにたし算で計算してしまう子どもでは、たし算→ひき算→たし算のように、加減算を混ぜるようにします。

[プリント B3-2-P1]

筆算の概念の学習では、ブロックを用いて説明することがよくあります。しかし、筆算という記号的(シンボリック)な操作と、ブロックの動かし方という非記号的(ノンシンボリック)な操作を、ワーキングメモリで同時に処理することが難しい子どももいます。その場合、記号的な操作のみで筆算の概念を理解するようにします。

●ステップ1 ▶ ●ステップ2 ▶ ●ステップ3 ▶ ●ステップ4

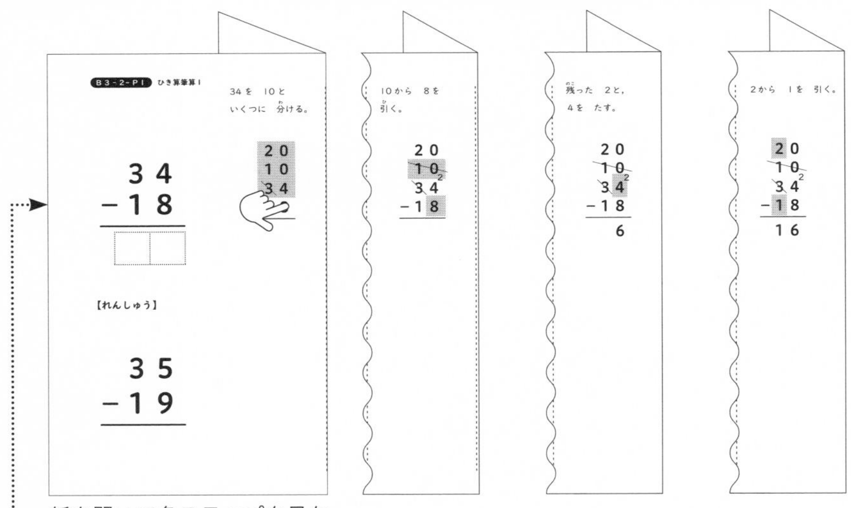

紙を開いて各ステップを見ながら、左上の筆算に書き込みます。

❶ステップ1では、30を「10と20」に分解します。必要に応じて、不要な情報を指で隠します。
❷ステップ2では、10から8を引き、残った2を書きます。
❸❹ステップ3-4も同様に、やり方を見ながら左側の筆算に書き込みます。
❺ステップ5では、やり方を見ながら例題【れんしゅう】に取り組みます。

ここではステップ2で、10から8を引きましたが、子どもによっては、まず8から4を引いておいて、残った4を10から引くやり方をすることも少なくありません。子どもに応じてプリントを変えていきます。

［プリント B3-2-P2］

P2は、P1と同様の形式ですが、30を「10と20」に分けるとき、3を消して2に上書きし、10を小さく一の位に書くようにしています。このように、徐々に書く量が減るようなやり方に移行します。

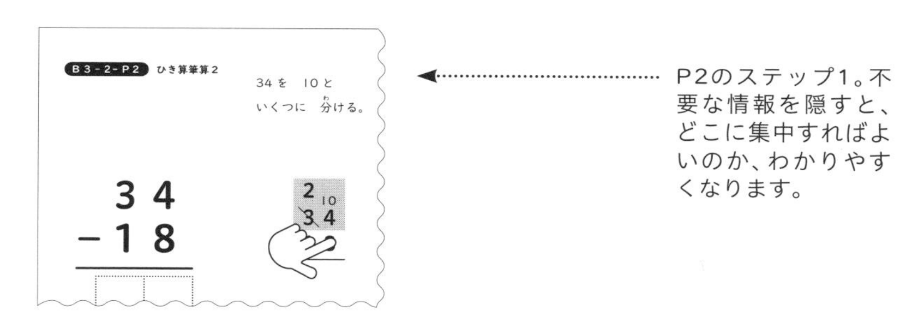

P2のステップ1。不要な情報を隠すと、どこに集中すればよいのか、わかりやすくなります。

［プリント B3-3-P1］

このプリントは、かけ算の筆算の例です。「B3-2-P1」のように横に折り開き、ステップごとに左側の筆算に書き込みます。不要な情報を指で隠したり、左側の筆算の上に矢印で示すなどし、どこからどの方向へ計算するのかを示したりします。

B3-3-P1　かけ算筆算

68
×95

【れんしゅう】
65
×78

5×8を計算する。
40の　4は、小さく　上に書く。

5×6を計算する。
30と　4をたして，34を書く。

9×8を計算する。
9の　線から書く。
72の　7は，小さく　上に書く。

9×6を計算する。
54と　7をたして，書く。

たし算をする。
68
×95
340
612
6460
合計する。

B4-1

学習内容

あまりのあるわり算の理解

あまりのあるわり算

こんな子に

言葉で説明される手順を覚えにくい

こんな支援を

視覚的なルールで決まった手順で練習する

WMに関する困難

言語領域

・あまりのあるわり算の手順を言葉で覚えることが難しい。

・一度に複数の情報を処理しきれない。

視空間領域

・頭の中でブロックをイメージして、操作・分解することが難しい。

数量処理

量的な表現の図を理解しにくい。

弱さに配慮し強さを生かした支援

●短所補償

・一度に複数の情報を処理しにくいので、一度に1つずつ処理をするようなプリント構成にします。

●長所活用

・視覚的に示された、ルールで決まった形で練習して定着を目指します。

スモールステップ

- あまりのあるわり算は、量的に表現された絵（列に並べられたアメなど）を分配する形で説明されることがあります。そうした表現の理解が難しい子どもでは、数直線のように順番の情報に基づいて、わり算やあまりのあるわり算を学習できることがあります。
- かけ算を1つずつ試していくステップで、あまりが出るかどうかを判断していきます。
- また、学習した同じ手順でさまざまな問題に取り組んでいきます。

［プリント B4-1-P1］

量的な表現の図を理解することが難しい子どもでは、P1のように数直線上で理解するやり方もあります。

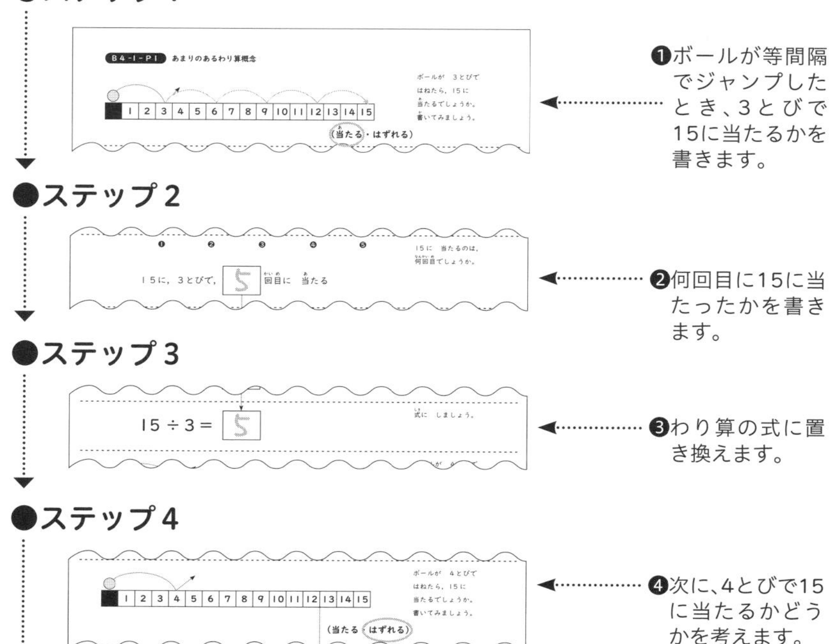

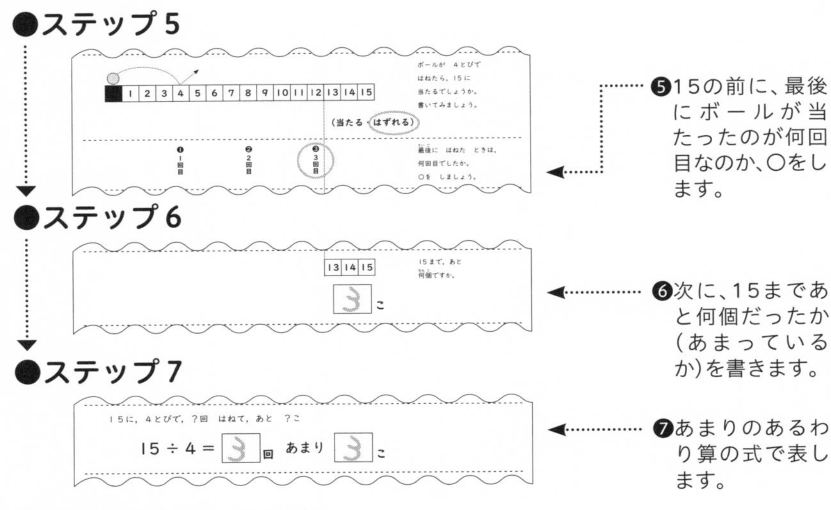

●ステップ5

❺15の前に、最後にボールが当たったのが何回目なのか、○をします。

●ステップ6

❻次に、15まであと何個だったか(あまっているか)を書きます。

●ステップ7

❼あまりのあるわり算の式で表します。

[プリント B4-1-P2]

P2では、あまりのあるわり算の計算の手続きを学習します。

●ステップ1

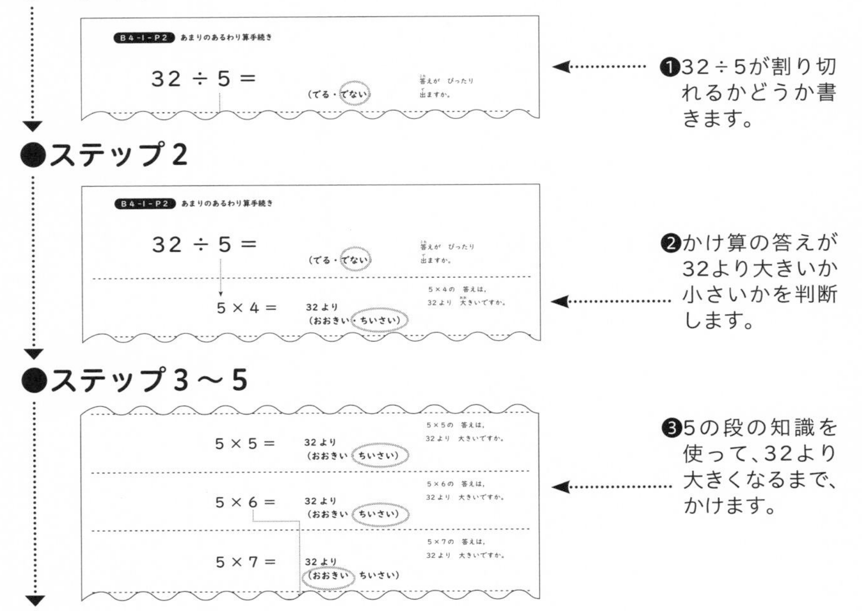

❶32÷5が割り切れるかどうか書きます。

●ステップ2

❷かけ算の答えが32より大きいか小さいかを判断します。

●ステップ3〜5

❸5の段の知識を使って、32より大きくなるまで、かけます。

●ステップ6

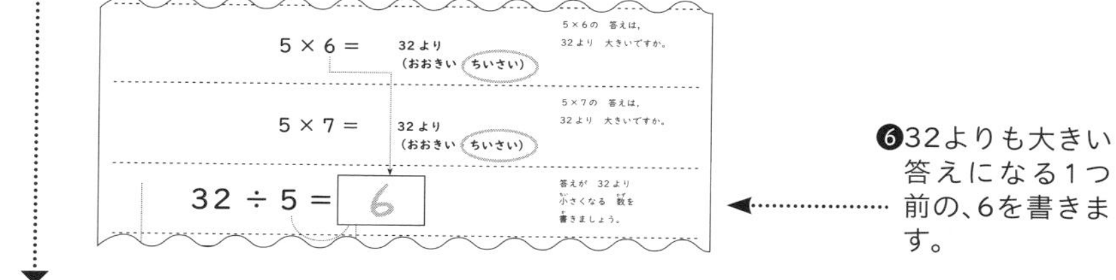

❻32よりも大きい答えになる1つ前の、6を書きます。

●ステップ7～9

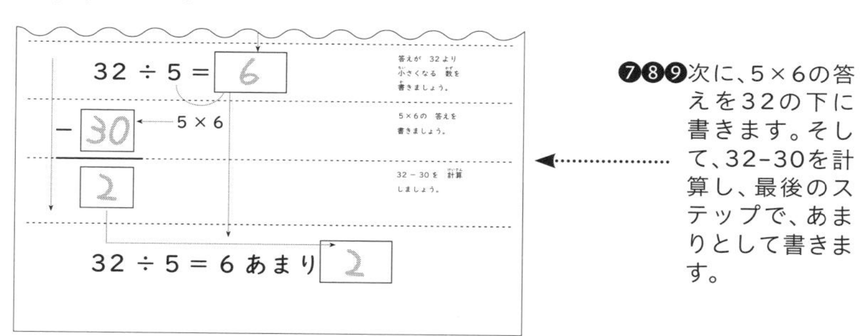

❼❽❾次に、5×6の答えを32の下に書きます。そして、32−30を計算し、最後のステップで、あまりとして書きます。

[プリント B4-1-P3]

P2で学習したやり方を、いろいろな問題で実行するための枠組みです。

25÷6=□ に取り組む場合

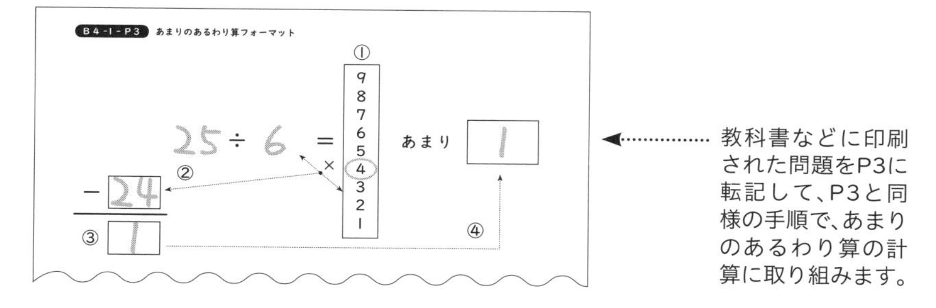

教科書などに印刷された問題をP3に転記して、P3と同様の手順で、あまりのあるわり算の計算に取り組みます。

B4-2

学習内容

わり算の筆算の手順

わり算の筆算

こんな子に

一度に手順を見ると負担になる

こんな支援を

今やるステップだけに集中できるようにする

WMに関する困難

言語領域

- わり算の筆算の手順を言葉で覚えることが難しい。
- 一度に複数の情報を処理しきれない。

視空間領域

- 一度にたくさんの情報が目に入ると、不要な情報を抑え込めず何から手をつければよいのかわからなくなる。

数量処理

計算に時間がかかる。

弱さに配慮し強さを生かした支援

●短所補償

- 一度に複数の情報を処理しにくいので、一度に1つずつ処理をするようなプリント構成にします。
- 不要な情報は指で隠して、必要な情報だけに集中しやすくします。

●長所活用

- かけ算やひき算など、すでに習得している知識を生かします。

スモールステップ

・わり算の筆算は多くの数字を書き、その中で必要な情報に注目し、かけ算やひき算を行います。さらに、仮の商を立てて計算を修正する必要があり、複雑な情報の処理が求められます。
・スモールステップで取り組むだけではなく、そのステップに集中できるように不要な情報はなるべく隠します。指を使って不要な情報を隠し、必要な情報だけを見えるようにすることも重要です。

［プリント B4-2-P1］

わり算の筆算は、一般的にスモールステップで系統的に教えることができますが、難しい子どもでは、P1のように今やるべきことに注目しやすいようにするとよいでしょう。

●ステップ1  ●ステップ2 ……▶

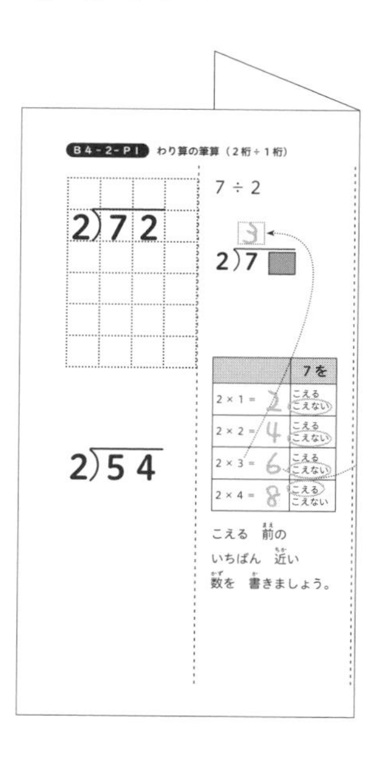

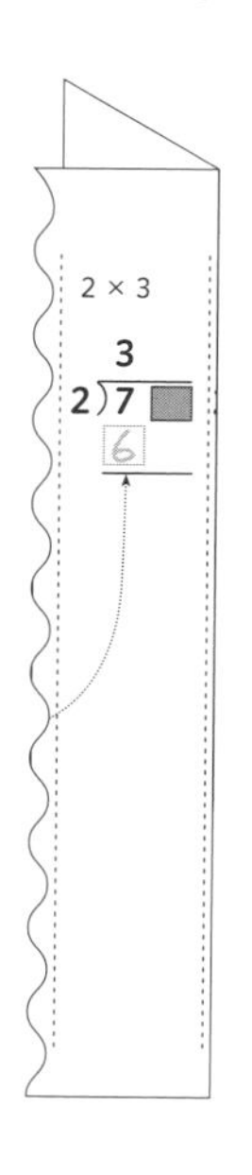

問題を見てからステップ1を開きます。
ステップ1では、7÷2のために2の段を思い出し、7をこえたかどうか、○をします（図のように書き込まずに口答で暗唱しても構いません）。こえる前の3を、筆算に書きます。

ステップ2では、答えを下に書きます。

●ステップ3 ……▶ ●ステップ4 ……▶ ●ステップ5 ……▶

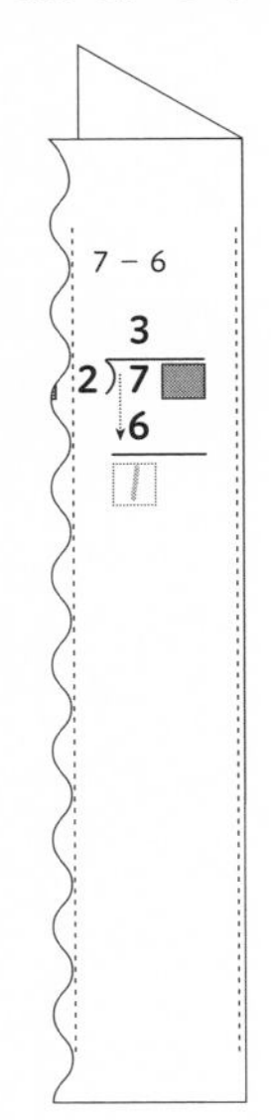

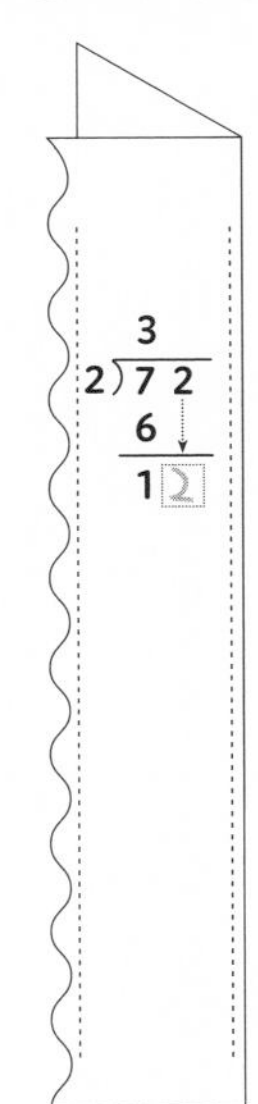

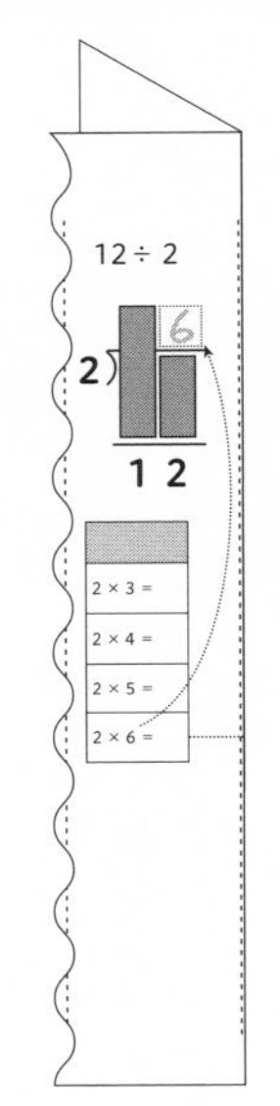

❸ステップ3では、7-6の答えを書きます。

❹ステップ4では、2を下におろします。

❺ステップ5では、九九を使って12÷2をしますが、答えをすぐ想起できる子どもでは、下の九九の欄を使う必要はありません。

●ステップ6 ……▶ ●ステップ7

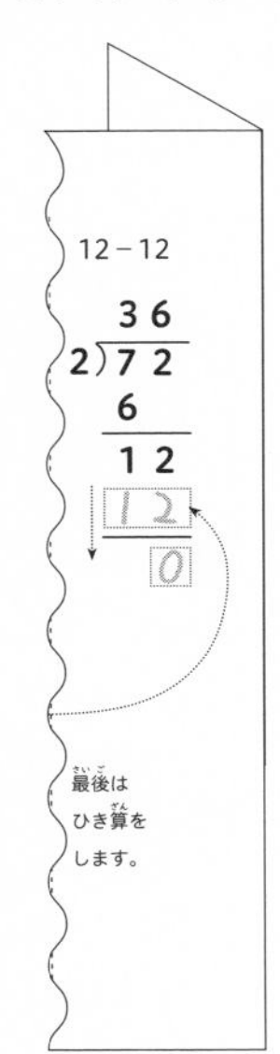

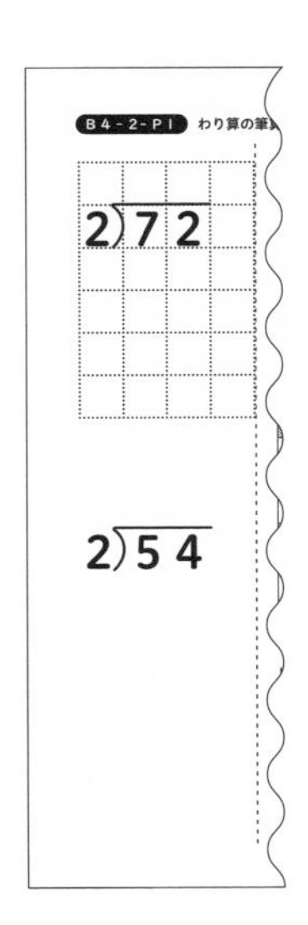

❻ステップ6では、2×6の答えを書き、ひき算をします。

❼ステップ7でプリントを開いたまま、左上にある筆算に取り組みます。同じ問題を嫌がる子どもでは、下の例題に取り組んでも構いません。また、ステップ1-6で各ステップ内に書き込まず、ステップ7の筆算に書き込んでも構いません。

［プリント B4-2-P2］
2桁÷2桁の筆算を、P1と同様に取り組みます。

●ステップ1 ……▶ ●ステップ2 ……▶

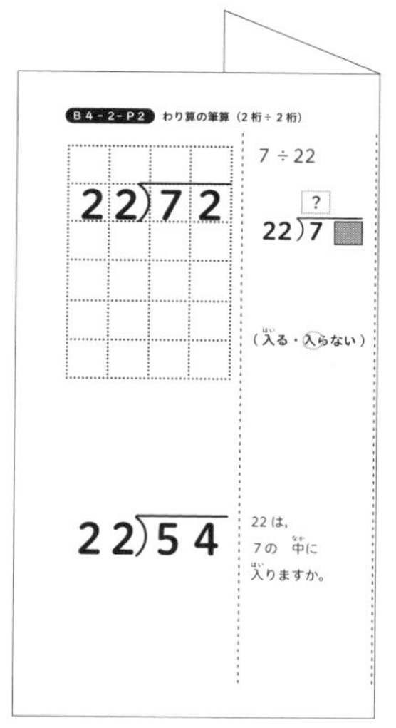

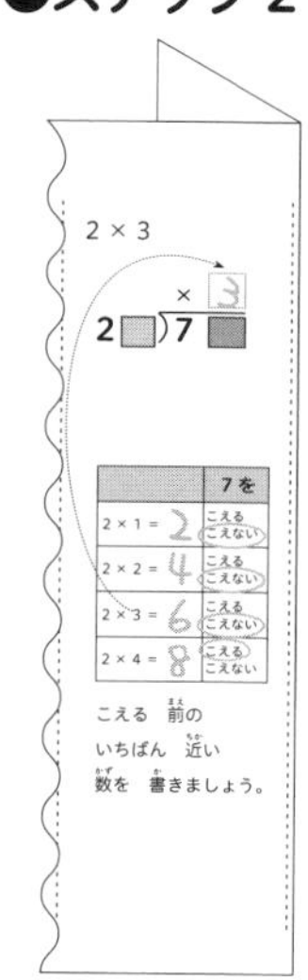

❶ステップ1では、7の中に22が入らないことを確認します。

❷ステップ2では、仮の商を立てる判断をしていきます。

ステップ3-5は、P1と同様に取り組みます。

●ステップ3 ……▶ ●ステップ4 ……▶ ●ステップ5

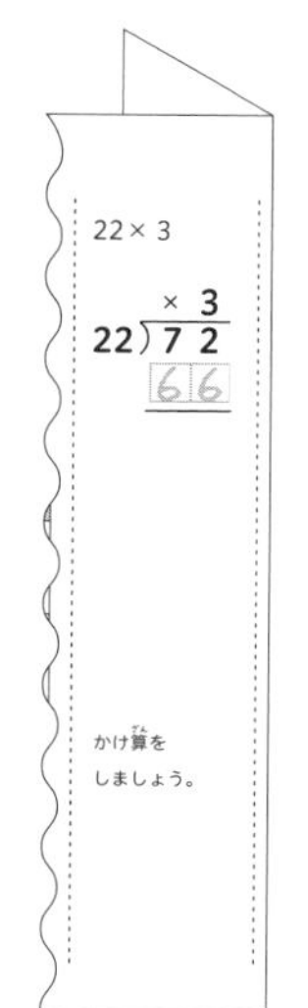

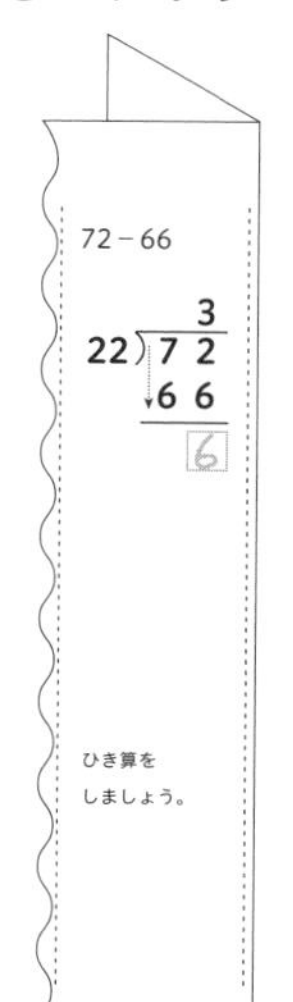

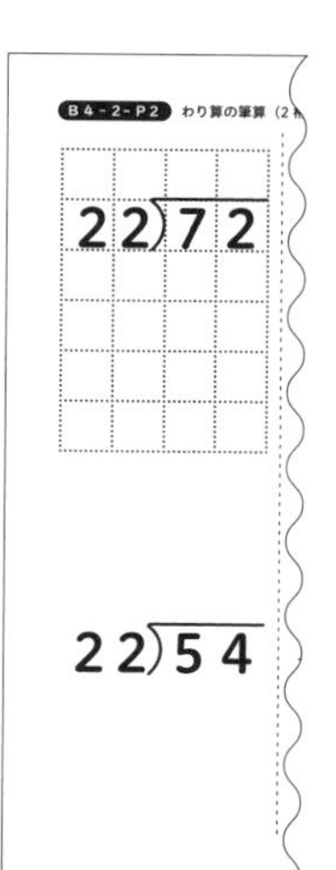

［プリント B4-2-P3］
3桁÷2桁の筆算を、P2と同様に取り組みます。

●ステップ1 ……▶ ●ステップ2 ……▶

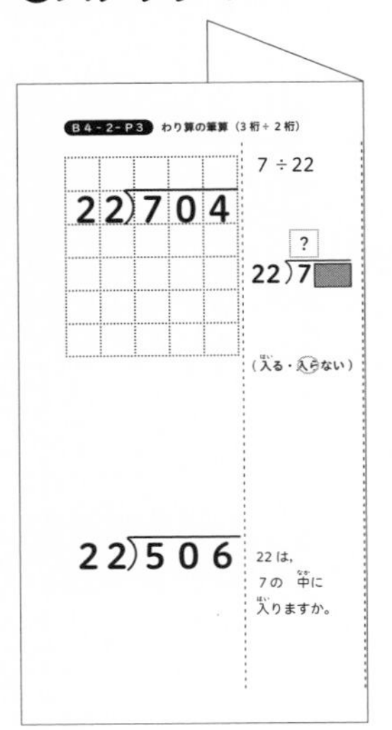

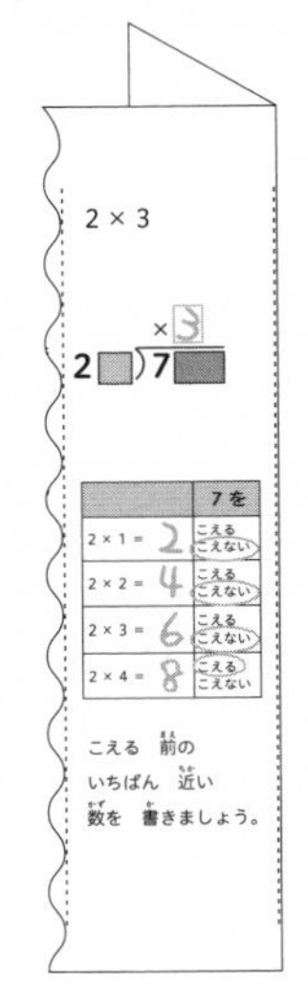

各ステップで、不要な情報は指で隠して、必要な情報を見えるようにして取り組みます。

●ステップ3 ……▶ ●ステップ4 ……▶ ●ステップ5 ……▶ ●ステップ6

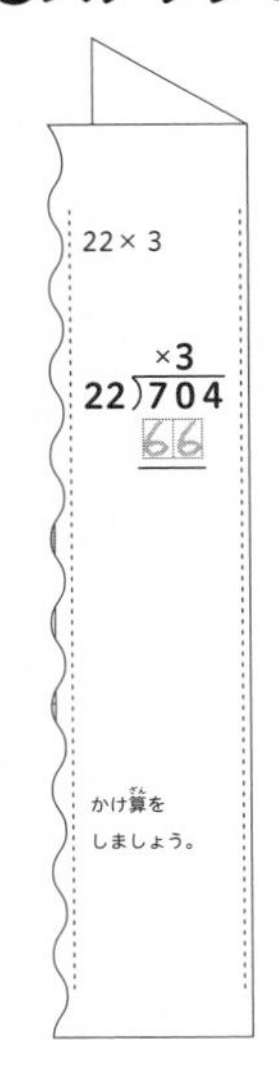

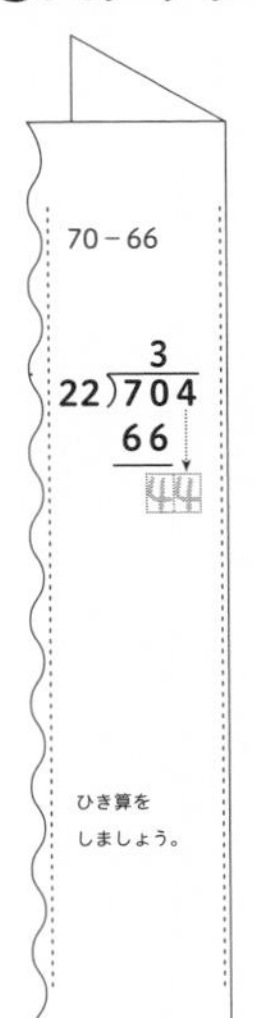

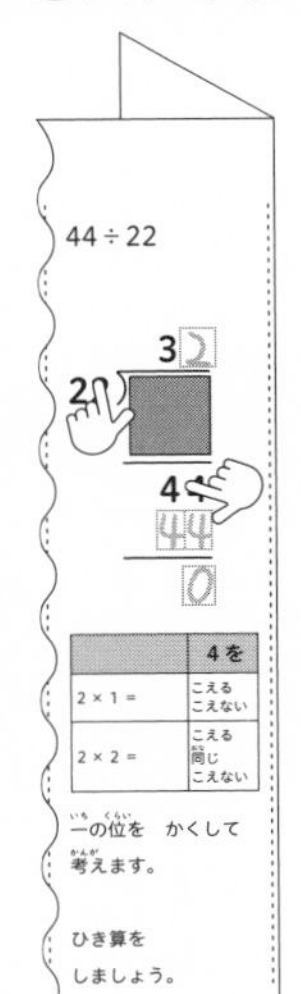

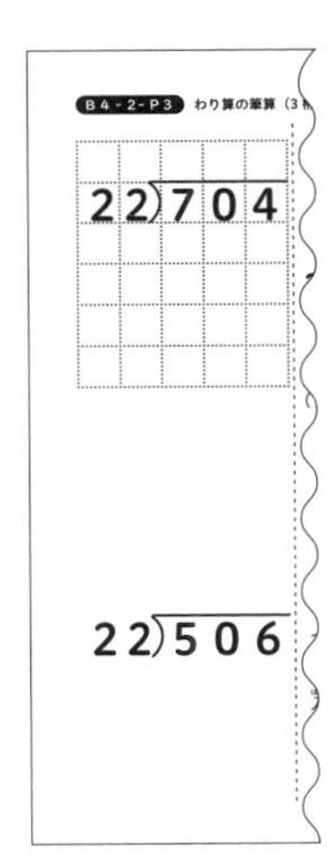

［プリント B4-2-P4］
仮の商を立てる問題に、P1～P3までと同様に取り組みます。

●ステップ1 ……▶ ●ステップ2 ……▶

B4-2-P4　わり算の筆算（3桁÷2桁）

2 × 3

28)704

×3
2□)7□

	7を
2 × 1 = 2	こえる こえない
2 × 2 = 4	こえる こえない
2 × 3 = 6	こえる こえない
2 × 4 = 8	こえる こえない

28)506

こえる 前の いちばん 近い 数で ためしてみましょう。

28 × 3

×3
28)704
84

（できる・できない）

ひき算が できますか。

ステップ3では、仮の商を立てて数を減らしていきます。

ステップ5は、プリントでは仮の商を立てて減らすステップを省略しています。数が大きくなる可能性があることを子どもに事前に伝えてもよいでしょう。

●ステップ3 ……▶ ●ステップ4 ……▶ ●ステップ5

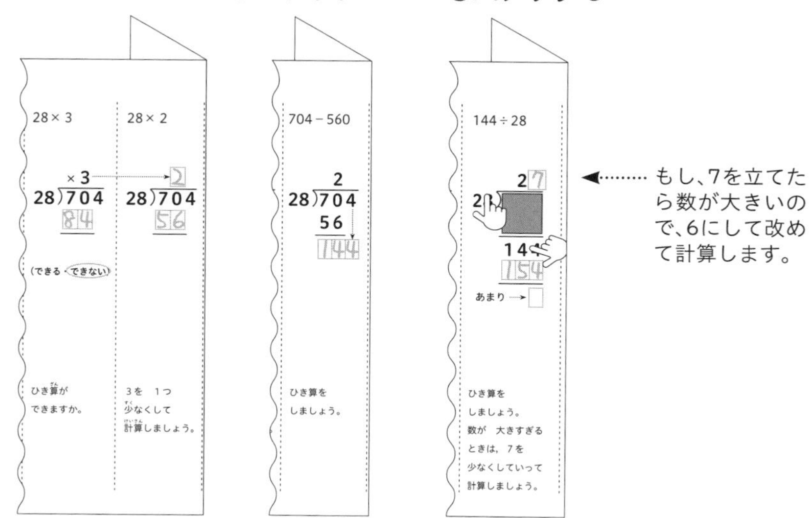

学習内容

手続きの意味

こんな子に

$$\frac{5}{12} \div \frac{5}{18} =$$

分数のわり算の手続きが覚えられない

こんな支援を

$$\frac{4}{5} \div \frac{2}{3} \rightarrow \frac{4}{5} = \square \times \frac{2}{3}$$

意味を理解して、手続きでわり算のやり方を覚える

WMに関する困難

言語領域

・分数の計算の手続きを言葉で覚えることが難しい。

視空間領域

・同時に示された図を処理することが難しい。

数量処理

分数の表す量のイメージを思い浮かべたり操作することが苦手。

弱さに配慮し強さを生かした支援

●短所補償

・一度に複数の情報を処理しにくいので、一度に1つずつ処理をするようなプリント構成にします。
・簡単な図を計算式の理解の支えにします。

●長所活用

・かけ算やわり算などの、すでに習得している知識を理解の支えにします。

スモールステップ

- 分数の計算の手続きを、簡単な図や、計算についてすでに習得している知識を基にして理解します。
- 図をシンプルに示せる場合は、図と分数を1つずつ対応させながら理解します。
- 複雑な図になる場合は、図は使わずに計算の手続きだけで理解します。

［プリント B5-1-P1］

分数の分母と分子に同じ数をかけたりわったりできることは、分数の計算をする上で必須です。流れの中で理解していきます。

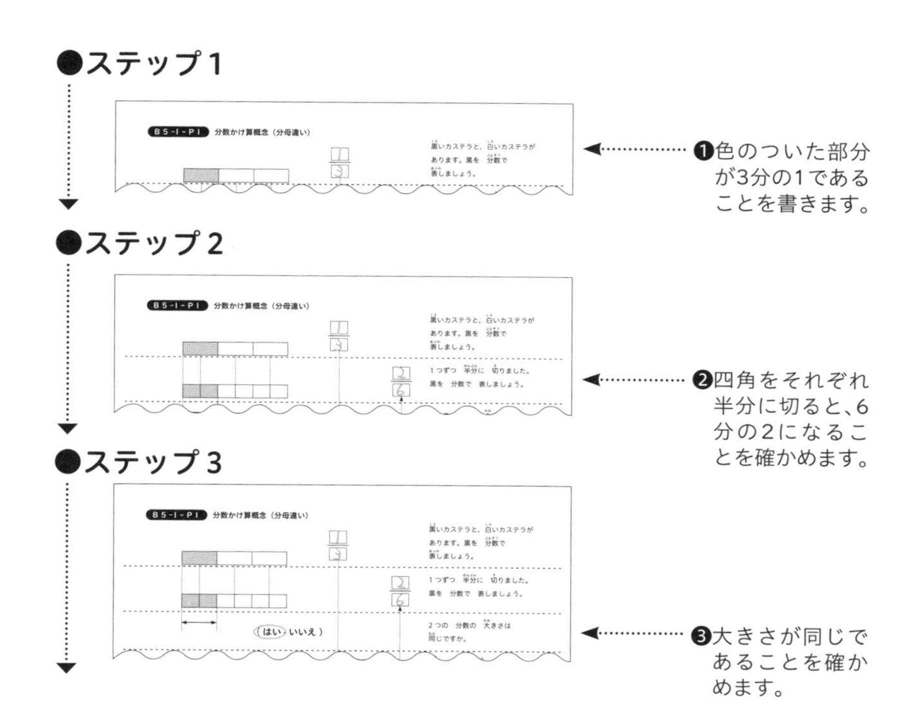

●ステップ4

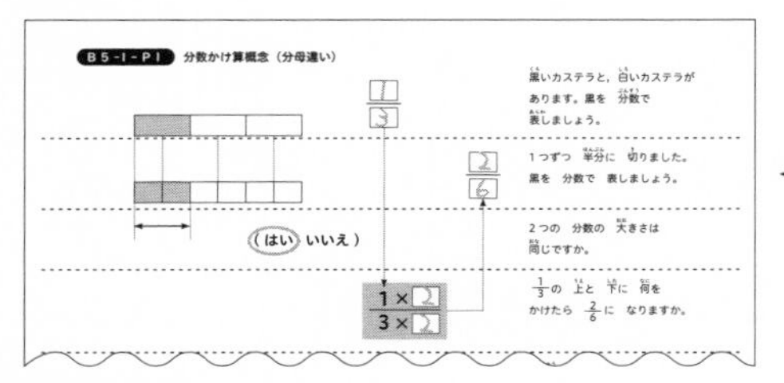

❹3分の1の分子と分母に2をかけると、6分の2になることを確かめます。

●ステップ5～6

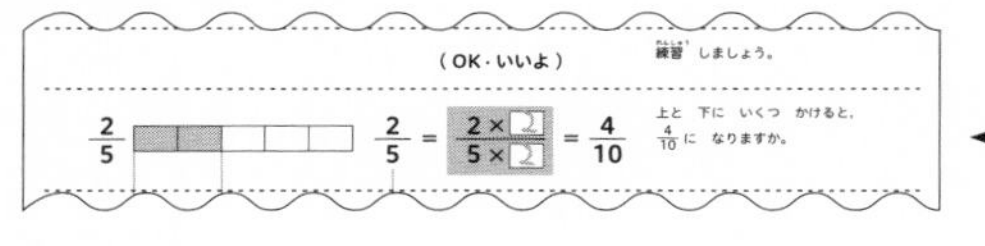

❺❻練習するための心構えをもち、ほかの分数でも確かめます。5分の2の分子と分母に何をかけると、10分の4になるかを書きます。

●ステップ7

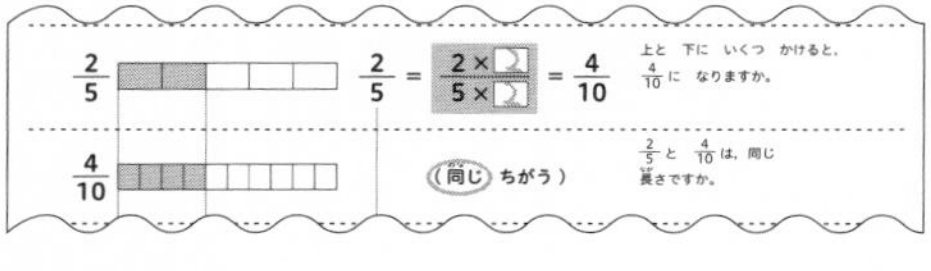

❼5分の2と、10分の4が同じであることを確かめます。

●ステップ8

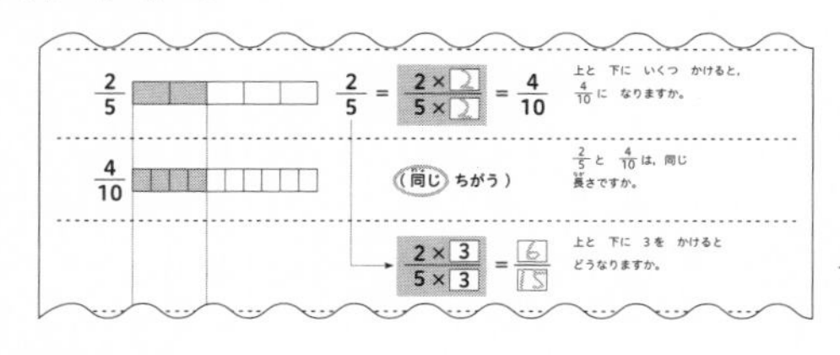

❽5分の2の分子と分母に3をかけると、15分の6になることを書きます。

●ステップ9

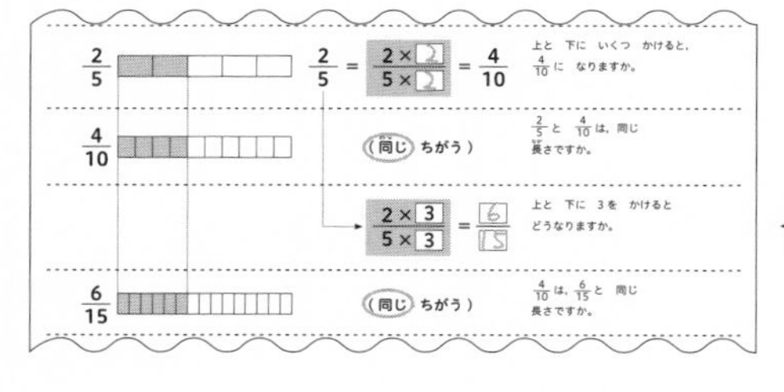

❾10分の4が、15分の6と同じであることを確かめます。

●ステップ10

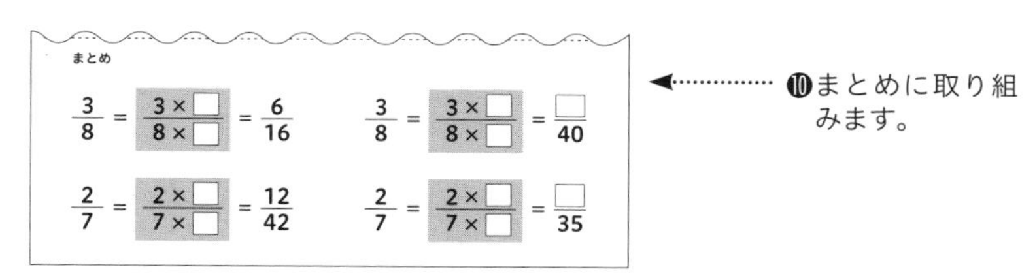

❿まとめに取り組みます。

［プリント B5-1-P2］

分数のわり算は、視覚的な概念で説明すると複雑すぎて理解できないことがあります。支援者主導で説明し、計算の手続きで理解します。

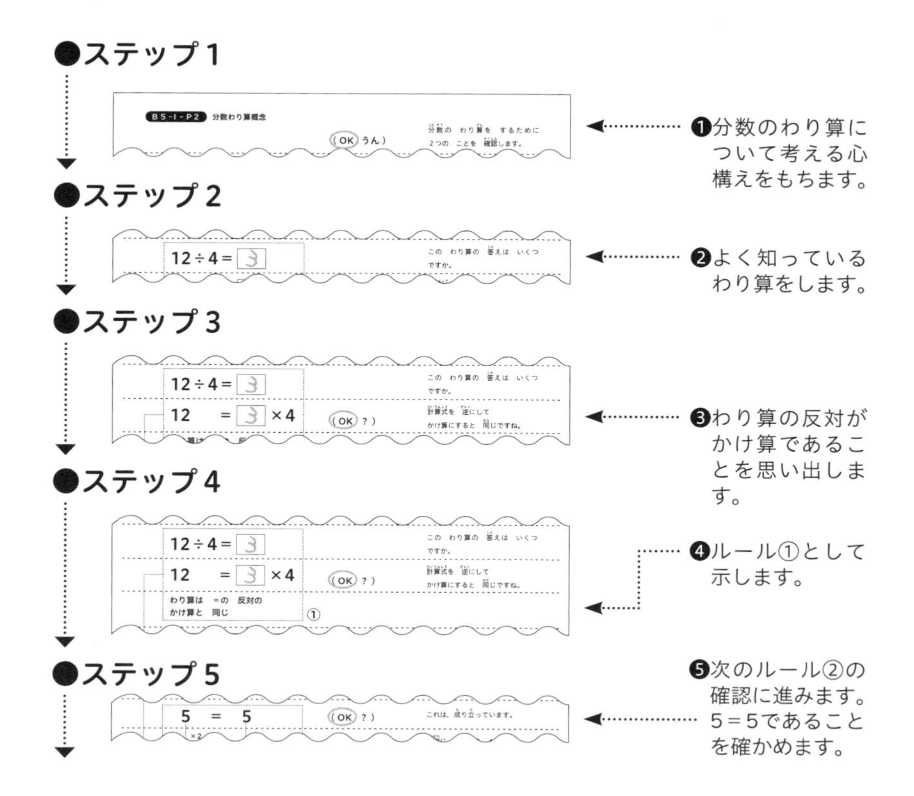

❶分数のわり算について考える心構えをもちます。

❷よく知っているわり算をします。

❸わり算の反対がかけ算であることを思い出します。

❹ルール①として示します。

❺次のルール②の確認に進みます。5＝5であることを確かめます。

●ステップ6

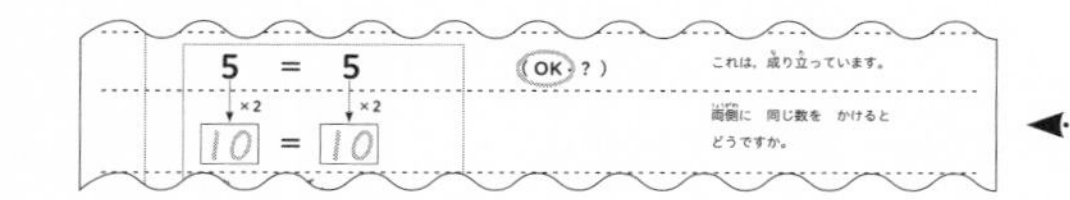

❻「＝」の両側に同じ数をかけても、等式が成り立つことを確かめます。

●ステップ7

5 = 5
×2
10 = 10
両側に 同じ数を
かけても かまわない ②
（OK・？）
これは、成り立っています。
両側に 同じ数を かけると
どうですか。

❼ルール②を示し、確かめます。

●ステップ8

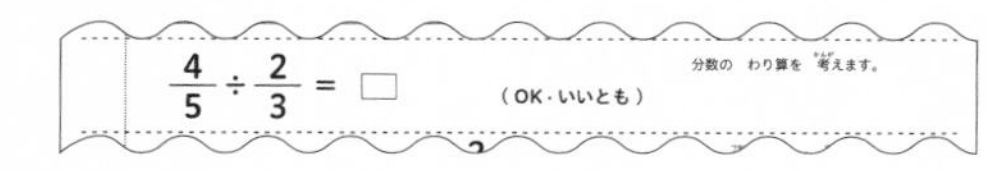

❽わり算に、ルール①②を適用していきます。分数について考える心構えをもちます。

●ステップ9

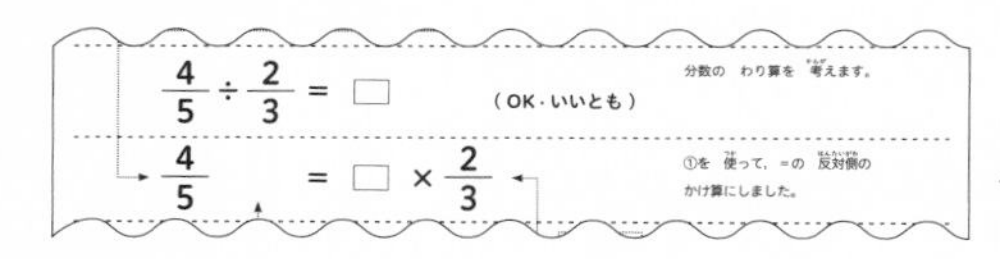

❾ルール①で、わり算の反対のかけ算の式を確かめます。

●ステップ10

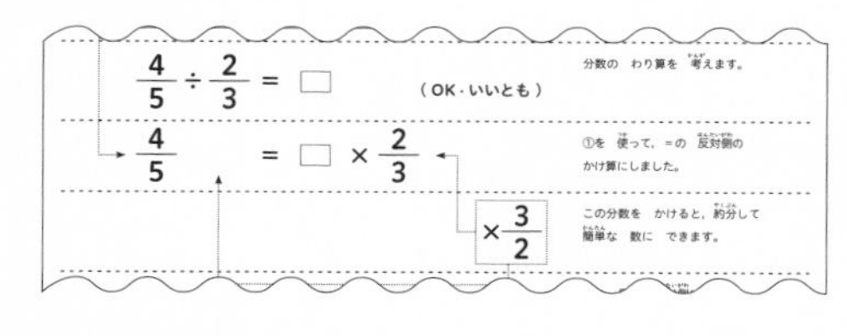

❿3分の2は、2分の3をかけると1になることを確かめます。

●ステップ11

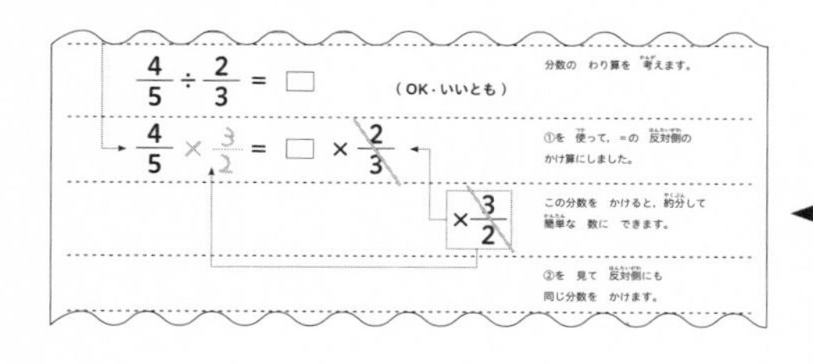

⓫矢印の先に、×2分の3を書きます。そして、右側の分数は約分して消します。

●ステップ12

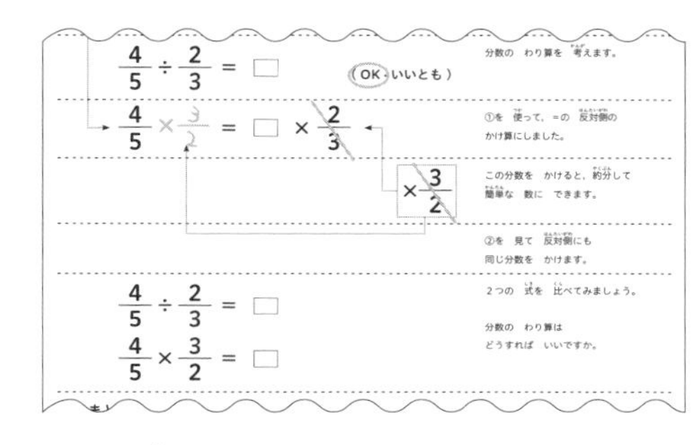

⓬元々の分数のわり算の式と、かけ算にした式を比べて「分数のわり算は、うしろの分数をひっくり返してかけ算」というルールを見出します。逆にするとかけ算になることを、言ったり書いたりします。

●ステップ13

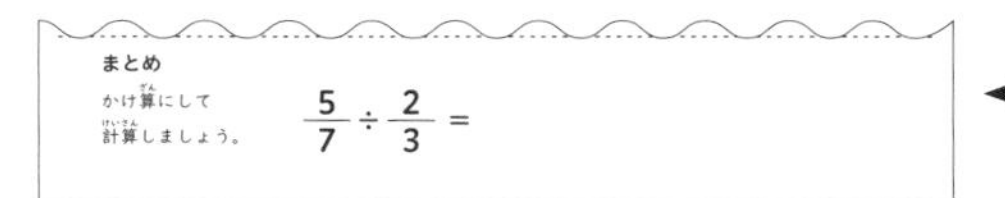

まとめに取り組みます。

COLUMN

ひっくり返してかけ算

分数のわり算が、なぜ「ひっくりかえしてかけ算」なのか、説明できる大人は多くありません。この計算手続きの背景を理解するためにはさまざまな理解の仕方があります。視覚的な表し方で説明されることもあります。

しかし、ワーキングメモリの言語領域に弱さのある子どもは言葉による説明を覚えきれず、視空間領域に弱さのある子どもは視覚的な表現を理解しきれず、数量処理に弱さのある子どもは図がどんな数を表しているのかがわからなくなります。結局、やり方だけを覚えなさいと言われて、納得できないまま、手続きを覚える学習をする第一歩になってしまいます。

ここで紹介したように、シンボリックな手続きのみで分数のわり算のやり方の意味を学習することも、子どもは理解したとしても必ずしもやり方を覚えているわけではありません。しかし、確かにそうなる理由を一旦は理解することで、納得して「ひっくり返してかけ算」であると覚えることができるようです。

B5-2

学習内容

分数の手続き

通分概念・通分手続き

こんな子に

通分の意味を理解しにくい

こんな支援を

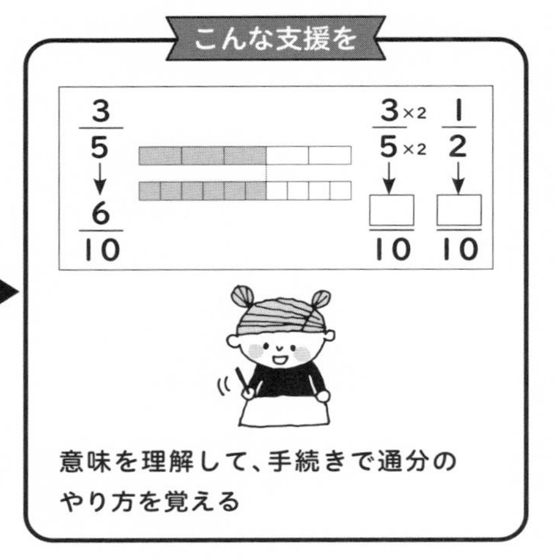

意味を理解して、手続きで通分のやり方を覚える

WMに関する困難

言語領域

・通分や約分など、似た言葉で混乱する。

・複雑な手順を言葉で覚えにくい。

・九九を想起しにくく、公倍数が苦手。

視空間領域

・分数の図を理解することが苦手。

数量処理

分数の表す量のイメージを思い浮かべたり操作することが苦手。

弱さに配慮し強さを生かした支援

●短所補償

・一度に複数の情報を処理しにくいので、一度に1つずつ処理をするようなプリント構成にします。

●長所活用

・事前にしっかりと練習した公倍数の知識を活用して通分に取り組みます。

スモールステップ

・通分では、公倍数の理解がとても大切になります。通分の学習に入る前に、公倍数の練習をして慣れておきます。
・通分の概念を理解しようとすると、分数とその視覚的な表現とを行き来する必要があり、混乱しがちです。
・特に中学では、大きな数の分母の分数になると、計算間違いが増えてしまいます。いわゆる連除法を使って、計算間違いが少なくなるよう練習することもやり方の一つです。

［プリント B5-2-P1］

通分の学習をするために、ここでは分数の概念理解、公倍数、約数の計算を経験したあとで取り組むとよいでしょう。

●ステップ1

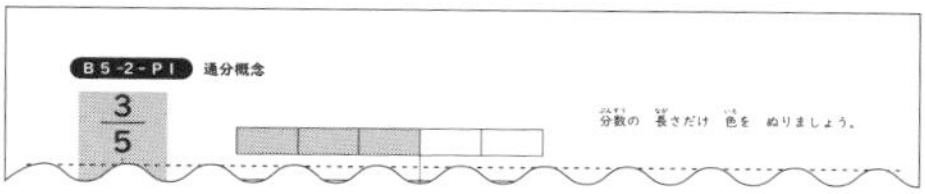

B5-2-P1 通分概念

$\frac{3}{5}$

分数の 長さだけ 色を ぬりましょう。

❶鉛筆で色をつけて、分数を視覚的に表します。

●ステップ2

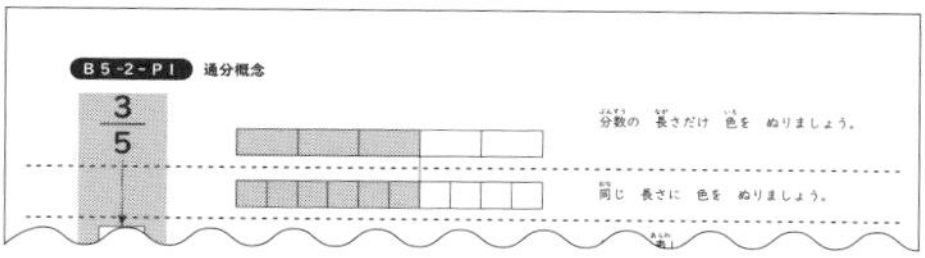

B5-2-P1 通分概念

$\frac{3}{5}$

分数の 長さだけ 色を ぬりましょう。

同じ 長さに 色を ぬりましょう。

❷上と同じ長さだけ、下でも色をつけます。

●ステップ3

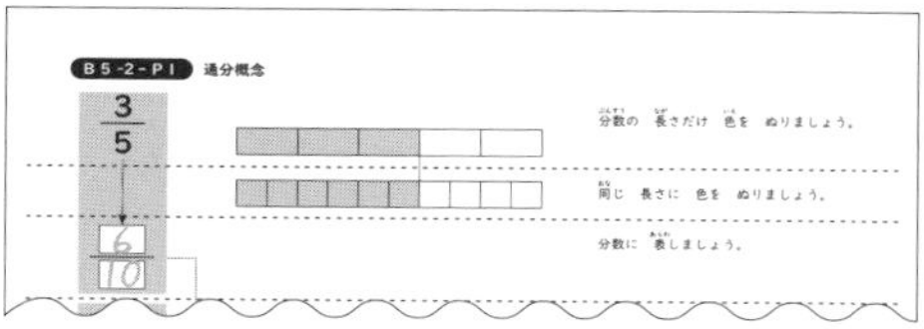

B5-2-P1 通分概念

$\frac{3}{5}$

分数の 長さだけ 色を ぬりましょう。

同じ 長さに 色を ぬりましょう。

分数に 表しましょう。

$\frac{6}{10}$

❸2つ目に色をつけたところが分数で表すとどうなるかを書きます。

●ステップ4

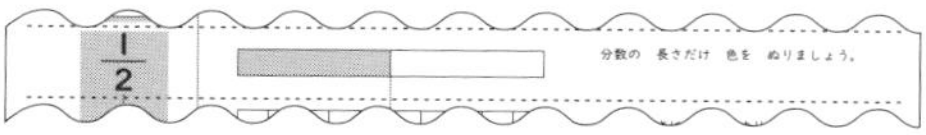

$\frac{1}{2}$

分数の 長さだけ 色を ぬりましょう。

❹違う分数の長さも色をつけます。

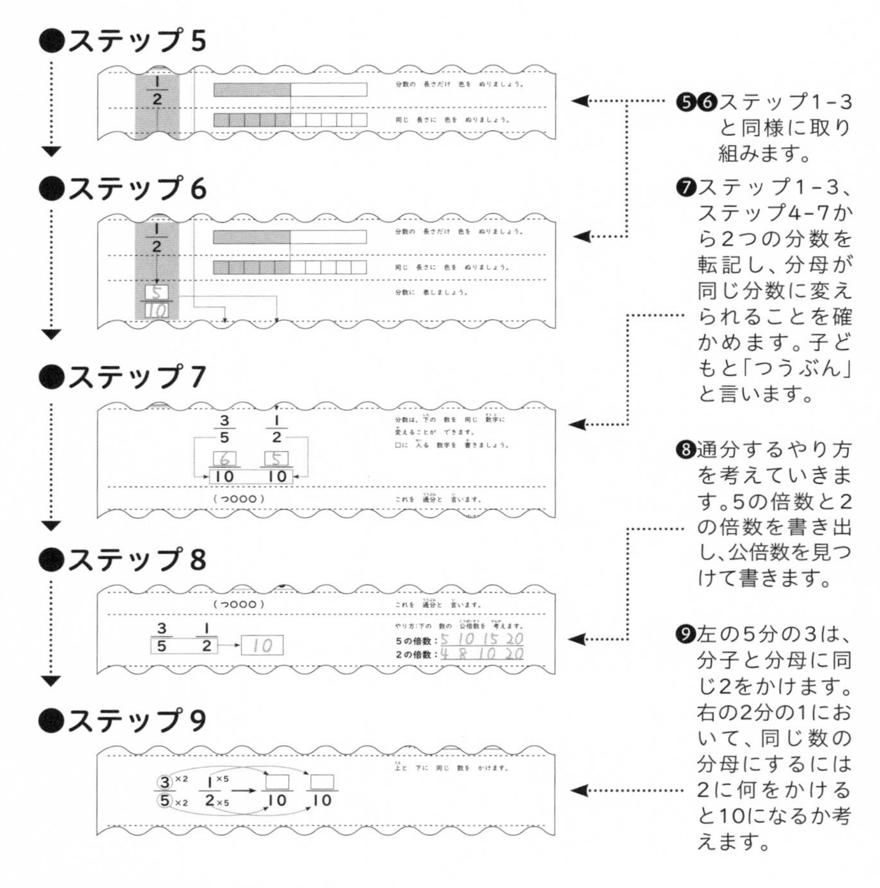

［プリント B5-2-P2］

大きな数で通分するときは間違いが頻出することがあります。連除法であれば、通分に取り組みやすい子どももいます。

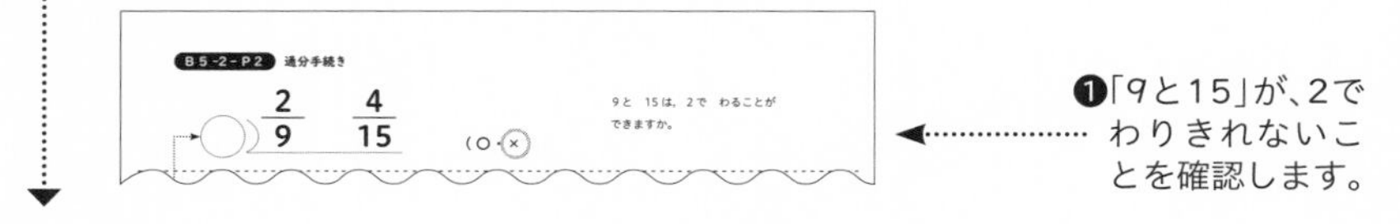

●ステップ2

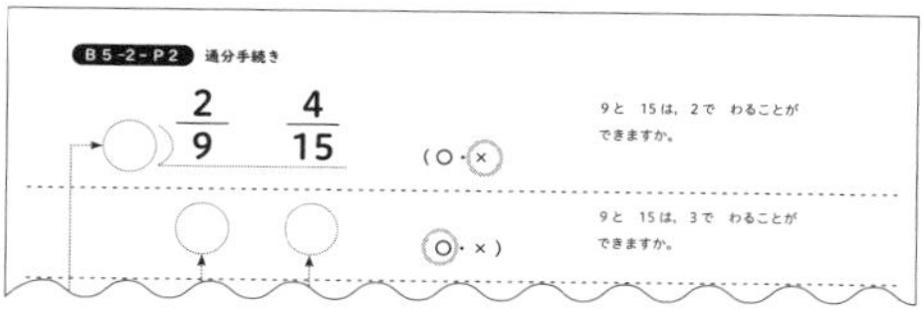

B5-2-P2 通分手続き

$\frac{2}{9}$　$\frac{4}{15}$

9と 15は、2で わることができますか。（○・×）

9と 15は、3で わることができますか。（○・×）

❷「9と15」が、3でわりきれることを確認します。

●ステップ3

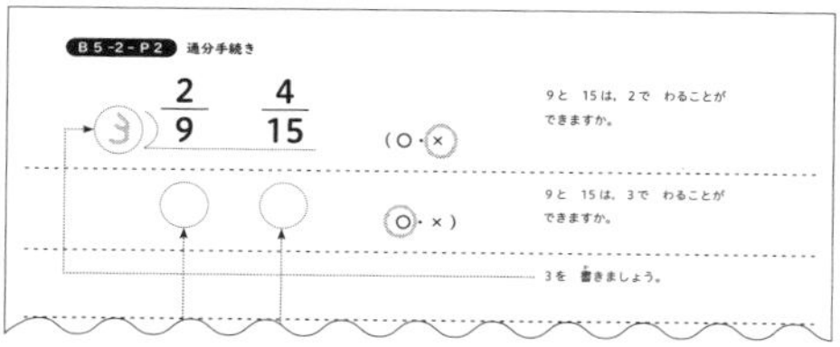

B5-2-P2 通分手続き

3）$\frac{2}{9}$　$\frac{4}{15}$

9と 15は、2で わることができますか。（○・×）

9と 15は、3で わることができますか。（○・×）

3を 書きましょう。

❸分母の横に公約数の3を書きます。

●ステップ4

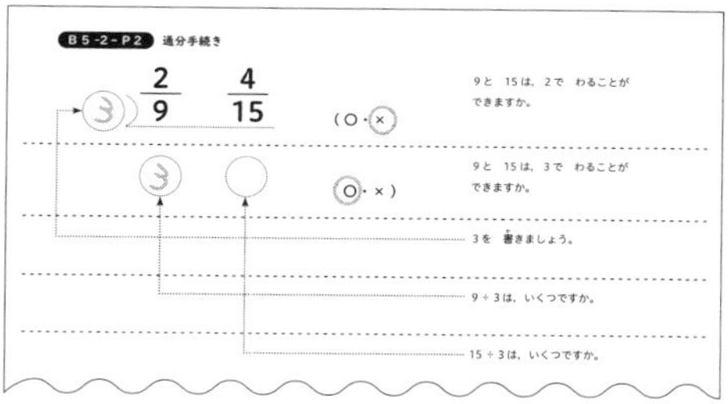

B5-2-P2 通分手続き

3）$\frac{2}{9}$　$\frac{4}{15}$

9と 15は、2で わることができますか。（○・×）

9と 15は、3で わることができますか。（○・×）

3を 書きましょう。

9÷3は、いくつですか。

15÷3は、いくつですか。

❹9を、公約数3でわった素因数の3を書きます。

15を、公約数3でわった素因数の5を書きます。一度では素因数にたどり着かない場合は、くり返しわることも教えます。

●ステップ5

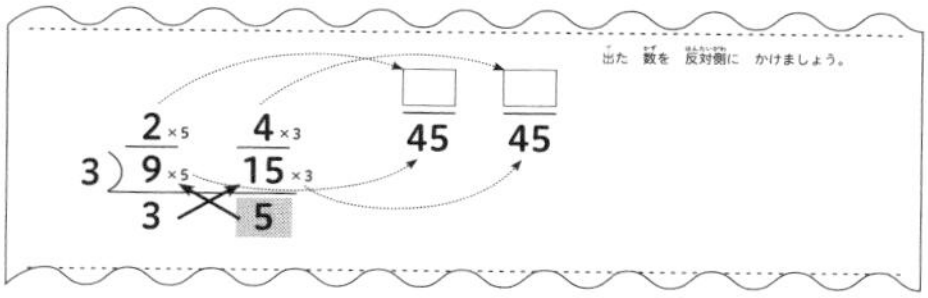

出た 数を 反対側に かけましょう。

3）$\frac{2_{\times 5}}{9_{\times 5}}$　$\frac{4_{\times 3}}{15_{\times 3}}$　$\frac{\square}{45}$　$\frac{\square}{45}$

3　5

❺「3と5」を、それぞれ反対側の分数の分子と分母にかけます。まとめにも取り組みます。

B6

学習内容

計算の意味・ルール・方略

かけ算分解・10でわる・計算の約束

こんな子に

計算を別の視点から見にくい、効果的なやり方を理解しにくい

こんな支援を

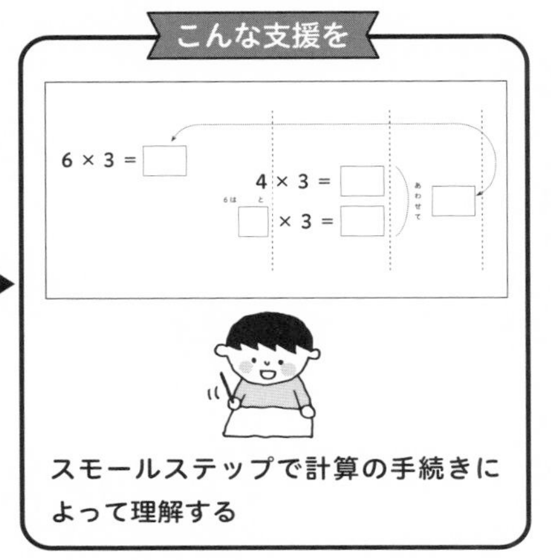

スモールステップで計算の手続きによって理解する

WMに関する困難

言語領域

・効率的なやり方を言葉で覚えることが難しい。

・問題に応じて、別のやり方を言葉で思い出し、切り替えることが難しい。

視空間領域

・計算の式の背景にある概念を、図で示されてもわかりにくい。

数量処理

式から数の大きさや変化がわかりにくい。

弱さに配慮し強さを生かした支援

●短所補償

・数字や図などの情報を、同時に処理することが難しいので、どちらか一方の処理で済むようなやり方で学習します。

●長所活用

・加減乗除の計算について、すでに習得している一つひとつの知識を支えにして、それらを組み合わせる学習をします。

スモールステップ

・「6 × 3」を知っているのに、それを「4 × 3」と「2 × 3」に分解することは、数量処理やワーキングメモリに弱さがある子どもにとって、難しい場合があります。
・図で概念を説明しようとすると、より混乱することがあるため、数字だけで手順の説明を少しずつ提示します。
・学習にあたり、今処理する情報に注目できるようにステップを工夫します。不要な情報は見えなくすることが大切です。

[プリント B6-1-P1]
かけ算はできるけれど、分解してかけ算をすることの意味がわからないときに実施します。

●ステップ 1-2 ……▶ ●ステップ 3 ……▶ ●ステップ 4 ……▶ ●まとめ

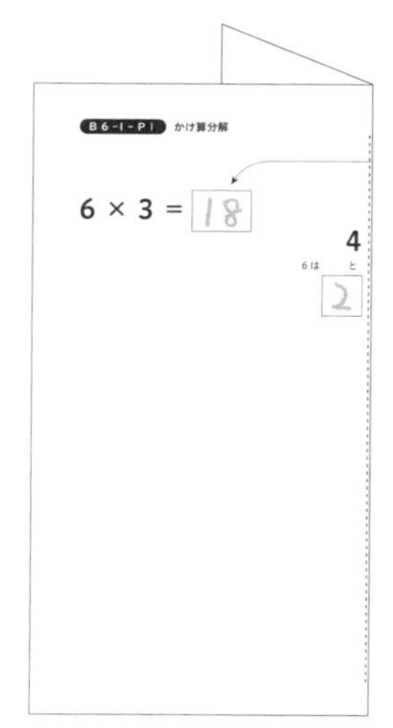

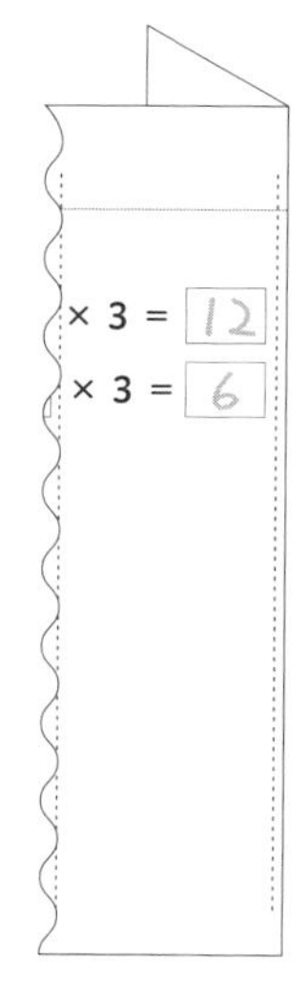

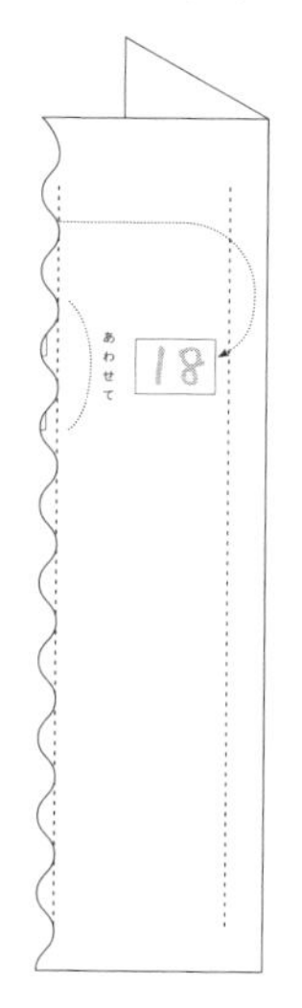

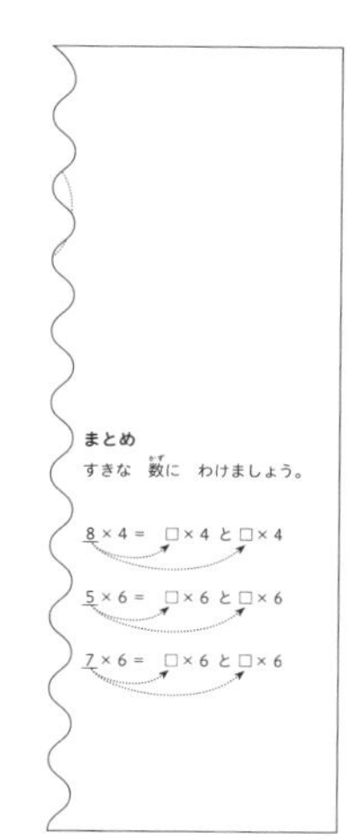

❶❷ステップ1は通常のかけ算、ステップ2は、6を「4と2」に分解します。
❸ステップ3では、ステップ2で分解した数に、それぞれかけ算を行います。
❹ステップ4では、ステップ3の結果をたし算して、最初のかけ算の答えと同じになることを確かめます。
❺最後にまとめに取り組みます。

［プリント B6-1-P2］
わり算の筆算はできるけれど、効率的な計算ができないときに実施します。

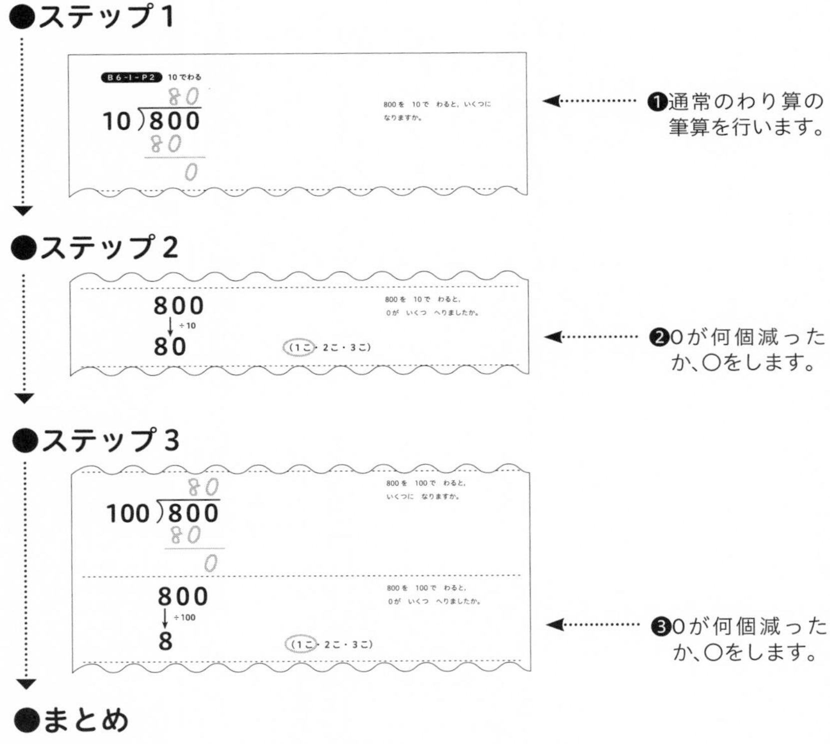

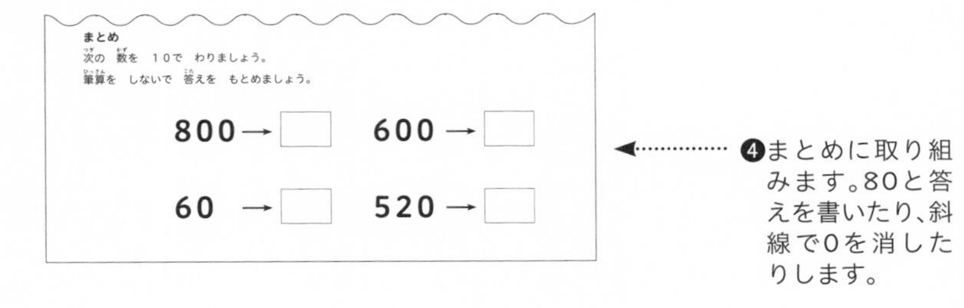

［プリント B6-1-P3］

加減乗除の一つひとつの計算はできるが、それらを組み合わせると混乱する子どもに実施します。

●ステップ1 ……▶●ステップ2 ……▶●ステップ3 ……▶●ステップ4

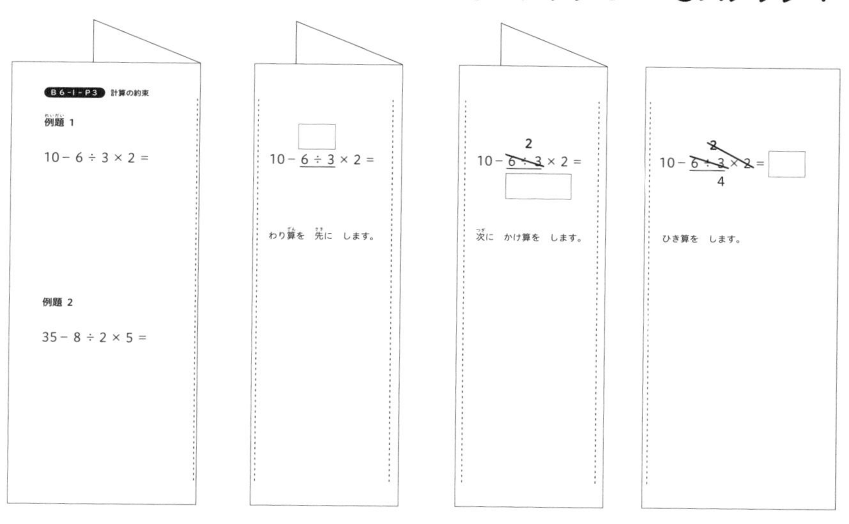

❶ステップ1では式を見ます。
❷❸❹ステップ2ではわり算に、ステップ3ではかけ算に、ステップ4ではひき算に取り組みます。最後に、ステップ1の下にある例題2に取り組みます。不要な数字は指で隠します。

P3のように、加減乗除のいくつかの計算を組み合わせた問題ができない場合、計算の順番を知識として知らない子どものほかに、たくさんの数字があるとそれらを同時に刺激として受け取ってしまい、混乱する子どもがいます。前者では知識を学びます。後者ではプリントでスモールステップで学習するだけでなく、普段の学習の中で不要な数字を指で隠すなどして、今処理すべき情報に注目しやすくします。そして、徐々に隠さなくてもよいように練習していきます。

COLUMN

手続き的知識と概念的理解

「46－18」のような問題で、一の位が引けないために「十の位から10や1を借りる」ことをします。しかし、4に斜線を引いて3にしたのに10が一の位にくる意味は、案外説明しづらいものです。子どもも理由がわからないまま、手順として覚え、実行していることがあります。これを「手続き的知識」と言います。

教科書などでは、「十の位から10や1を借りる」ことの理由は、ブロックを使った絵で説明しています。このような意味的な理解を「概念的理解」と呼びます。

「概念的理解」がなくても、「手続き的知識」を身につけて問題を解くなど、活用することを繰り返すうち、「概念的理解」につながっていく場合もあります。また、例えば、分数のわり算や、消費税を概算するなど、「概念的理解」よりも「手続き的知識」を高め、問題が素早く解けることが大切になる場合もあります。

算数の学習に困難のある子どもに対して、「手続き的知識」には困難がない子どもと同様の形で学ぶ、つまり「概念的理解」を求めずに「手続き的知識」を指示書に書いて示しておき、それを見ながら問題を解かせるなどといった手立てをとることが多いように感じています。上記のようにそれが有効な場合もありますが、一方で、背景にある「概念的理解」を支えていくことも大切になります。概念がわかっている、あるいは仮に忘れたとしても概念がわかった経験があることで、自分が無意味なことをやっているわけではないと理解して学習ができるからです。

「概念的理解」と密接な「手続き的知識」もありますが、同じ「手続き的知識」に見えても、背景の「概念的理解」が異なることがあり、また子どもによって適切な「概念的理解」がそれぞれ異なることがあります。そのことは支援の際には特に注意が必要な点です。例えば、くり上がりのある計算で、「10を基にしたくり上がり」と「順序でのくり上がり」は、同じように9を10にする手続きがありますが、前者は9に1を加えて10にしているのに対し、後者は9から10に1を移動しているという概念的な違いがあります。

本書では「手続き的知識」は、可能な限り学校で習う一般的な形に近づけようとします。学校で習うことと子どもの間をつなぐためです。「概念的理解」は、84ページの「数の分解」や132ページの「九九」のように、数の量の理解を回避して数の順番の理解に基づいたりします。また、50ページの「位取りプリント」や、155ページの「分数わり算概念」のように、記号の操作によって理解するやり方を用いることがよくあります。

著者プロフィール

河村 暁（かわむらさとる）

福岡教育大学大学院教育学研究科教職実践専攻（教職大学院）准教授。筑波大学博士課程人間総合科学研究科修了。博士（心身障害学）。民間支援機関「発達ルームそら」にてワーキングメモリの観点に基づき学習支援技術の構築を目指す。主に幼児から高校生までの読み、書き、語彙、読解、作文、算数・数学などの学習支援を行い、プリント教材やコンピュータ教材を子どもの特性に応じて作成している。

参考・引用文献

Fletcher, J. M., Lyon, G. R., Fuchs, L. S., & Barnes, M. A. (2019). Learning disabilities: From identification to intervention. Guilford Publications.

本郷一夫（監修）湯澤正通（編著）. 知的発達の理論と支援: ワーキングメモリと教育支援. 金子書房.

河村暁. (2018). 数量の認識とワーキングメモリの困難に対応した指導の工夫. 実践障害児教育、536、22-25.

河村暁. (2021). 教室の中のワーキングメモリ. 明治図書.

河村暁. (2022). 算数障害とさまざまな障害における算数の困難. LD 研究, 31(4), 277-284.

熊谷恵子·山本ゆう(2018)通常学級で役立つ算数障害の理解と指導法. 学研プラス.

Noël, M.-P. (2005).Finger gnosia: a predictor of numerical abilities in children? Child Neuropsychology, 11, 413–430.

Siegler, R.S. and Opfer, J. (2003). The development of numerical estimation: evidence for multiple representations of numerical quantity. Psychological science, 14, 237–243.

湯澤美紀·河村 暁·湯澤正通（編著）(2013). ワーキングメモリと特別な支援—一人ひとりの学習のニーズに応える—. 北大路書房.

湯澤正通·湯澤美紀. (2017). ワーキングメモリを生かす効果的な学習支援—学習困難な子どもの指導方法がわかる！. 学研プラス.

Wirtz, R.W. (1974). Mathematics for Everyone. Washington, DC: Curriculum Development Associates, Inc.

ワーキングメモリを生かす数・計算の教材

数の合成・分解から分数までの数と計算に関するつまずき解消！

2023年8月8日　第1刷発行

著　　者　河村 暁
発 行 人　土屋 徹
編 集 人　滝口勝弘
企画編集　東郷美和
編集担当　藤村秀樹（有限会社ピース）
装丁デザイン　藤崎知子（トライ スパイラル）
本文デザイン　村井美緒（有限会社ピース）
イラスト　山村真代
発 行 所　株式会社Gakken
〒141-8416　東京都品川区西五反田2-11-8
印刷・製本所　大日本印刷株式会社

●この本に関する各種お問い合わせ先
本の内容については、下記サイトのお問い合わせフォームよりお願いします。
https://www.corp-gakken.co.jp/contact/
在庫については　Tel 03-6431-1250（販売部）
不良品（落丁、乱丁）については　Tel 0570-000577
学研業務センター　〒354-0045 埼玉県入間郡三芳町上富279-1
上記以外のお問い合わせは　Tel 0570-056-710（学研グループ総合案内）

●学研グループの書籍・雑誌についての新刊情報・詳細情報は、下記をご覧ください。
学研出版サイト　https://hon.gakken.jp/
ヒューマンケアブックスのサイト　https://www.gakken.jp/human-care/